WESTEND

Ernstfall für Deutschland

Ein Handbuch gegen den Krieg

Erich Vad

WESTEND

Mehr über unsere Autoren und Bücher:
www.westendverlag.de
Die Deutsche Nationalbibliothek verzeichnet diese Publikation in der Deutschen Nationalbibliografie; detaillierte bibliografische Daten sind im Internet über http://dnb.d-nb.de abrufbar.

FSC
www.fsc.org
MIX
Papier | Fördert gute Waldnutzung
FSC® C014889

ISBN: 978-3-86489-492-3
2. Auflage 2024

Umschlaggestaltung: Buchgut Berlin
Satz: Publikations Atelier, Weiterstadt
externes Lektorat: Andrea Schlitzer
Druck und Bindung: Friedrich Pustet GmbH & Co. KG, Gutenbergstr. 8, 93051 Regensburg
Printed in Germany

»Ich dachte immer, jeder Mensch sei gegen den Krieg, bis ich herausfand, dass es welche gibt, die dafür sind. Besonders die, die nicht hingehen müssen.«

Erich Maria Remarque

Für die junge Frau, die ihr Fahrrad auf der Maximilianstraße in München stoppte, um mir zu sagen, dass sie dankbar ist für kritische Stimmen. Für ihre Eltern, die ebenso wie ihre Tochter Angst vor einem Krieg haben. Für die Flugbegleiterin, die mir einen Kaffee ausgab, damit ich angesichts einer digitalen Entrüstungswelle bloß den Kopf über Wasser hielte. Für den Security-Mitarbeiter am Flughafen, der sich dafür bedankte, dass ich gegen den Strom schwimme. Für den jungen Ukrainer in der Tram, der nicht verheizt werden wollte. Für die Friedensaktivistin, die sich freute, dass ein Ex-General an der ersten Demonstration seines Lebens teilnahm, um sich für den Frieden stark zu machen. Für die vielen Menschen – Bekannte und Unbekannte –, die mich auf den Straßen in ganz Deutschland, im Ausland, auf Dorffesten, in der Wüste und beim Klettern mit Josef auf dem Weg zum Zugspitzgipfel oft unerwartet ansprechen und wissen lassen, dass sie zuhören.

Für Frieden in Deutschland und Europa.

Inhalt

Das geopolitische Geschehen ist selten klar und eindeutig, sondern vielschichtig und komplex und befindet sich im ständigen Wandel. Bei manchen Themen konzentriere ich mich bewusst auf das Wesentliche und stelle die Zusammenhänge so übersichtlich und eindringlich wie möglich dar, damit aus einem schlanken, leicht nachvollziehbaren Handbuch kein schwerfälliges Lexikon wird.

Wenn ich mich auf aktuelle Ereignisse beziehe, dann mit Stand vom 23. Oktober 2024. Einzelne Details können sich verändert haben, bis Sie das Buch in den Händen halten. Vielleicht haben wir sogar das große Glück und die politische Weitsicht, den Ukraine-Krieg baldmöglichst beendet zu wissen. An der geschilderten Bedrohungslage und den Aufgaben, vor denen wir in Deutschland und Europa stehen, ändert sich jedoch wenig, solange es uns nicht gelingt, die aktuelle Sicherheitslage grundlegend zu verändern.

Und nicht zuletzt: Wenn ich im Text nicht konsequent gendere, so weiß ich doch: Frieden ist das Ziel aller Geschlechter, ob weiblich, männlich oder divers. Sie alle möchte ich einbezogen wissen und ansprechen.

Ach, Deutschland

Was passieren könnte: Krieg in unserem Land

»Im Kriege mehr als irgendwo sonst in der Welt
kommen die Dinge anders,
als man sich es gedacht hat, und sehen in der Nähe
anders aus als in der Entfernung.«
Carl von Clausewitz

Deutschland, August 2025: Die Sonne scheint, es ist noch heiß, obwohl sich die warme Jahreszeit bald dem Ende zuneigen wird. Eigentlich sollten sich die Menschen im Freibad oder im nahen See tummeln, sie sollten in ihren Gärten grillen, in Biergärten oder in Restaurants mit Terrasse und Aussicht die lauen Abende genießen. Sie sollten in der Nachtwärme nach Hause schlendern, neue Eissorten probieren, laut über die Hitze klagen und sie doch dem kühlen Winter vorziehen. Sie sollten diese besondere Leichtigkeit auskosten, die sich nur bei Sonnenschein einstellt. Die Menschen sollten das Leben genießen.

Stattdessen bangen sie darum.

Sommer, Sonne, Schlachtfeld

Der »Worst Case« ist eingetreten. Russlands Krieg gegen die Ukraine hat sich nicht um Grenzübergänge geschert. Er ist über die Linien geschwappt, die im Grunde nur auf dem Papier und in der Politik ein ernstzunehmendes Hindernis sind. In der Realität sind sie meist nicht mehr als ein Schild, das Autofahrer auf dem Staatsgebiet eines anderen Landes willkommen heißt – oft gefolgt von einem zweiten Schild, das darüber informiert, wie schnell man innerhalb und außerhalb von Ortschaften sowie auf der Autobahn fahren darf und ob das Tagfahrlicht eingeschaltet werden muss.

Was diese Linien *nicht* sind, ist Sicherheit.

Aus dem Krieg in der Ukraine ist ein europäischer Krieg geworden. Man kann nicht behaupten, das sei von heute auf morgen geschehen, denn diese Gefahr war seit dem russischen Überfall im Februar 2022 bekannt.

Wie gefährlich können uns unsere Waffenlieferungen an die Ukraine werden? (Um vorzugreifen: sehr.) Wie weit kann sich die NATO aus dem Fenster lehnen, bevor sie Kriegspartei wird? (Einmal aus dem Fenster gefallen, wäre es zu spät.) Liegt nicht ausreichend geografischer Puffer zwischen Deutschland und der russischen Grenze? (Nicht für moderne Waffensysteme. Abgesehen davon: Polen dankt.) Ist Kremlchef Putin ein Realist, der sich nicht ernsthaft mit der geballten Schlagkraft des Westens anlegen würde? (Die wenigsten Kriege entstehen aufgrund von realistischen Situationsbeurteilungen.) Oder ist er ein größenwahnsinniger Diktator, bei dem man mit allem rechnen muss? (»Make Russia Great Again.«) Natürlich haben wir – der Westen – uns mit diesen und anderen Fragen auseinandergesetzt, wir waren auf der Hut, die einen mehr, die anderen weniger. Trotzdem wurden wir überrascht.

Von heute auf morgen, quasi über Nacht, herrschte Krieg. In Deutschland. In Europa.

Wir haben doch schon Krieg seit dem Überfall der Russen Anfang 2022, behaupteten manche deutsche Politiker. In der Ukraine, ja. Aber doch nicht in Deutschland! In Deutschland bekamen wir Angst, hohe Stromrechnungen und teurere Lebensmittel, nachdem Putin in die Ukraine einmarschiert war. Wir standen mitunter vor einem leeren Regal im Supermarkt, beherbergten Flüchtende aus dem Kriegsgebiet und verspürten den Drang zu helfen. Aber es wurde kein Blut in Deutschland vergossen, es gab keine Einberufungsbescheide, kein Training an der Waffe für alle, die eine Waffe halten können, keinen Luftalarm, keine Raketen, keine zerstörten Wohnstätten, Krankenhäuser und Schulen, keine Folterungen, Vergewaltigungen, Erschießungen.

In Deutschland war der Krieg in erster Linie ein TV-Ereignis. Er war weit weg, war wahrnehmbar, als Sonnenblumenöl und Weizen knapp wurden, die Benzinpreise stiegen und Flüchtende zu uns kamen. Er sprach durch die Politiker, die ihm das Wort redeten als wären sie nicht einem friedlichen Ortsverband entsprungen, sondern der Serie *Game of Thrones*. Er war die politische Mitte, die verlässlich pazifistisch gewesen war und sich mit einem Mal radikalisierte. Man spürte den Krieg an den vielen Desinformationen, die die russische Seite verbreitete. Man bemerkte ihn auf den Kirchentagen, die die Unterstützung der Ukraine propagierten. Und man erkannte ihn an der entmenschlichenden Sprache, wenn es um Russen im Allgemeinen und um russische Verluste im Besonderen ging. Jeder Russe ist ein böser Russe, nur ein toter Russe ist ein guter Russe ...

Vor ein paar Wochen ist der Krieg tatsächlich über uns hereingebrochen. Nun lehrt er uns tatsächlich das Fürchten.

Game over

Rückblickend lässt sich leicht rekonstruieren, wie es dazu kommen konnte. Man kannte es von den Leopard-Panzern, obwohl der Bundeskanzler dieses Mal lange standhaft geblieben war: Nach erheblichem Druck durch etliche Medien und massivem Drängen von NATO-Bündnispartnern, insbesondere den USA und Großbritannien, lieferte die Bundesregierung 2025 schließlich doch das viel beschworene und heftig diskutierte Taurus-Waffensystem an die Ukraine. Der »Stier« (lateinisch: »taurus«) sollte zum Gamechanger des Krieges werden. Gleiches hatte man von den deutschen Leopard-Panzern und den amerikanischen F-16 Kampfflugzeugen erwartet. Doch erst der Taurus hielt, was man sich von ihm versprach: Er hat die Situation grundlegend verändert – nur nicht so, wie gedacht.

Die Ukraine setzte Taurus ein, um die Kertsch-Brücke zu zerstören, die die Krim-Halbinsel bis dahin mit russischem Festland verbunden hatte. Die Brücke wurde mittig bis in die Fundamente zertrümmert und unbrauchbar gemacht. Der Verlust machte es für die Russen, die zu diesem Zeitpunkt die Krim besetzt hielten, schwieriger, aber nicht unmöglich, für Nachschub zu sorgen – man war längst vorbereitet. Die russischen Truppen wurden nicht lahmgelegt, die Ukraine konnte den Krieg weder beenden noch gewinnen. Er nahm aber nun eine neue Wendung: Die Kertsch-Brücke war strategisch wichtig gewesen, vor allem war sie jedoch ein nationales Prestigeprojekt der Russen. Man hätte also mit einem russischen Vergeltungsschlag rechnen müssen; zu lange hatten westliche Politiker öffentlich gefordert, die Brücke zu zerstören.

Auf der Wunschliste vieler deutscher Politiker, Medien und hauptsächlich ziviler Militärexperten stand außerdem ein Beschuss russischen Hinterlandes. Das mag nach einem Waldgebiet im Nirgendwo klingen, meint aber alles, was hinter der Front liegt und mit Waffen erreichbar ist. Gefordert, getan: Die Ukrainer feuerten deutsche Taurus-Marschflugkörper ins russische Hinterland hinein, zerlegten das russische Verteidigungsministerium in Moskau und zerstörten den Kreml.

Der Vergeltungsschlag kam schnell, wirkte von langer Hand vorbereitet und richtete sich unmittelbar gegen Deutschland. Die russische Propaganda hatte Deutschland längst ins Zentrum gerückt: Taurus ist ein deutsches Waffensystem, es wurde aus

Deutschland geliefert und, das ließen die entsprechenden deutschen und NATO-Veröffentlichungen offen, womöglich mit deutscher Unterstützung bedient. Also ließ Putin zunächst die ähnlich symbolträchtige Fehmarnsundbrücke per Raketenbeschuss zertrümmern. Dann machte er die Produktionsstätte von Taurus im einst malerischen bayerischen Schrobenhausen dem Erdboden gleich. Zu guter Letzt zerstörte er das Bundeskanzleramt in Berlin – alles an einem Wochenende. Zumindest im Kanzleramt waren dadurch weniger Tote und Verletzte zu beklagen als an einem Wochentag, viele Mitarbeitende hatten frei oder befanden sich nicht in ihren Büros. Zufall? Rücksichtname? Auf jeden Fall war es ein wohl kalkulierter, symbolträchtiger Vergeltungsschlag mit gravierenden Folgen.

Wochenende mit Folgen

Deutschland reagierte umgehend: Die Bundesregierung bat die NATO, den Bündnisfall auszurufen, und verlegte – um politisch funktionsfähig zu bleiben – ihren Hauptsitz zunächst in eine Kaserne außerhalb Berlins, kurz darauf an die Ostküste der USA.

Die NATO begann, rund eine Million französische, niederländische, belgische, spanische, italienische und portugiesische Soldaten an die Ostgrenze des Bündnisses zu verlegen. Die US-Regierung hielt sich zurück und erklärte, ihre Truppen in Europa nur geringfügig zu verstärken, aber vorerst keine neuen, zusätzlichen Truppen zu entsenden. Man habe wegen der sich zuspitzenden Lage im Indopazifik und im Nahen Osten anderweitig alle Hände voll zu tun.

Der Aufmarsch der NATO-Truppen führte quer durch Deutschland, so war und ist es in den Plänen der NATO vorgesehen. Die Bundesrepublik liegt im Zentrum Europas. Aus Sicht des Bündnisses ist diese Lage geografisch und logistisch ideal, um als Drehscheibe zu fungieren. Jeder, der sich in Europa von Westen nach Osten oder von Norden nach Süden bewegen will, muss durch Deutschland hindurch – egal ob Ferienverkehr oder NATO-Aufmarsch. Aus deutscher Sicht ist das Ganze weniger optimal: Wir befinden uns immer mittendrin, egal was passiert.[1] Die letzten fünfhundert Jahre unserer Geschichte wären ansonsten vielleicht weniger bewegt gewesen.[2] Wir kommen nicht schnell »raus«, wenn wir oder die Bundeswehr die Mitte Europas verlassen wollen; und es birgt nicht nur Vorteile, der »Hub« – besagte Drehscheibe – für unsere Bündnispartner und deren Truppen zu sein oder als Standort für US-amerikanische Waffensysteme zu dienen. Stattdessen macht uns unsere geografische Lage in der Mitte Europas angreif- und zerstörbar. Das hat bereits der Dreißigjährige Krieg recht eindrucksvoll gezeigt, als die Hälfte der deutschen Bevölkerung ausgelöscht und das Land verwüstet wurde.

Eine Million Soldaten nebst Material zu verlegen – vom Kampfpanzer bis zum Feldbett –, ist keine Kleinigkeit und geschieht auch nicht über Nacht, auch wenn eine schnelle strategische Verlegung das A und O der Verteidigungspläne der NATO ist. Aufmärsche und Truppenbewegungen wie diese können zur Zielscheibe werden. Warum gegen eine Armee kämpfen, wenn man sie bereits auf dem Weg zum Schlachtfeld außer Gefecht setzen kann? Russland begann, die Bewegungsachsen der NATO durch Deutschland mit Raketen vornehmlich aus dem Oblast Kaliningrad zu beschießen, insbesondere die in west-östlicher Richtung verlaufenden Autobahnen. Etwa die A2, die vom Ruhrgebiet aus nach Berlin führt, sowie ihre Autobahnknotenpunkte. Putin drohte darüber hinaus, das gesamte deutsche Autobahnnetz zu zerstören, um Deutschland als Drehscheibe für Truppentransporte in Europa unbrauchbar zu machen. Die Landes- und Bündnisverteidigung lief Gefahr, bereits auf der Autobahnauffahrt zu scheitern.

Wie du mir, so ich dir, so du mir, so ich dir …

Die USA nahmen sich die Freiheit, für Deutschland zu antworten. Sie schickten weiterhin keine Truppen nach Deutschland, aber ihre Cruise-Missiles nach Russland – von deutschem Boden aus.

Die deutsche und die US-Regierung hatten erst im Sommer 2024 vereinbart, amerikanische Waffensysteme in Deutschland zu stationieren. Die Stationierung war für 2026 geplant gewesen, aber vorgezogen worden, weil die Amerikaner die Situation als »extrem heikel« bewertet hatten: Der Ukraine-Krieg hatte sich nicht eindämmen lassen wie erhofft; Putin stehe sprichwörtlich vor der Tür des Westens; und die NATO habe eine Befähigungslücke: Es fehle das westliche Pendant zu den landgestützten Waffensystemen der Russen, die unter anderem von Kaliningrad aus auf Europa gerichtet waren. Also hatte die US-Regierung ihre Waffen frühzeitig in Deutschland stationiert – in Reichweite für russische Ziele, aber auch in Reichweite russischer Vergeltungsschläge gegenüber Deutschland. Die Befähigungslücke wurde geschlossen, aber Deutschland zur Zielscheibe gemacht. Außer Reichweite blieben nur die USA selbst.

Als Putin die NATO-Truppen auf den deutschen Autobahnen beschoss, schossen also die Amerikaner mit ihren in Deutschland stationierten Marschflugkörpern, Raketen und Überschallwaffen zurück. Die Waffen hätten in kürzester Zeit und mit einer Reichweite von bis zu dreitausend Kilometern von Deutschland aus zentrale russische Ziele zerstören können: Armeebasen, Häfen, Flugplätze, Transportwege, wichtige Städte und natürlich den Kreml (bei Letzterem war allerdings Taurus den US-Waffen zuvorgekommen). Ich schreibe »hätten«, denn der amerikanische Vergeltungsschlag löste postwendend einen erneuten russischen Vergeltungsschlag aus: Russland nahm die mehr als vierzig amerikanischen Militäreinrichtungen in Deutschland unmittelbar unter Feuer, vor allem die Hauptquartiere in Wiesbaden und Stuttgart sowie die Luftwaffenstützpunkte in Ramstein und Spangdahlem. Ein brutaler Schlagabtausch entwickelte sich, der so gut wie alles vernichtete, was ihm in die Quere kam.

Anfang vom Untergang

Im Krieg bleibt den Menschen – zumindest den Zivilisten – keine Zeit, sich vorzubereiten. Ein paar Hamstereinkäufe sind möglich. Der eine oder andere hat mit Hilfe der staatlichen Einkaufsliste vielleicht sogar einen Notvorrat an Lebensmitteln angelegt, hat mit einer Solaranlage, einer Powerstation, mit einem Stromgenerator oder -aggregat und ein paar Kästen Wasser vorgesorgt. Ein paar Tage hält man damit durch. Aber nicht, wenn ein Land angegriffen wird, das gleichzeitig als Schleuse für Truppen aus ganz Europa funktionieren soll und darunter zusammenbricht.

Deutschland versank in kürzester Zeit im Chaos. Die Wirtschaft knickte schneller ein als erwartet – auch, weil die seit Jahren zunehmende Wirtschaftskrise bereits vor dem Krieg dazu geführt hatte, dass Unternehmen massenhaft abgewandert waren. Sie hatten die hohen Energiekosten, eine oft maßlose Bürokratie und die immer strengeren ökologischen Auflagen nicht mehr tragen können oder wollen. Mit ihnen verschwanden Kompetenz, Arbeitsplätze und Steuereinnahmen, aber vor allem Waren und Güter, die nun dringend benötigt wurden. Heimisch produzierte Medikamente und Lebensmittel wurden knapp, der Import aus anderen Ländern geriet ins Stocken. Durch die Zerstörung der Transportwege und Ausfälle der Strom- und Kommunikationsnetze konnten auch die staatlichen Reserven kaum helfen; sie erreichten die Bevölkerung nicht.

In den Ballungszentren begannen die Menschen in ihrer Verzweiflung zu plündern. Andere nutzten die Gunst der Stunde für ihre eigenen Zwecke: Es kam zu illegalen, gewaltsamen Demonstrationen und Aufständen insbesondere antiwestlicher Links- und Rechtsextremisten sowie islamistischer Gruppen. Mitbürger, die »anders« aussahen, anders dachten, anders glaubten, anders wählten wurden von einem Mob durch die Straßen gejagt, zu Tode geprügelt, gelyncht. Am helllichten Tag. Mitten in Deutschland.

Das alles ist Krieg.

Die Russen nahmen mit ihren Raketen inzwischen ganz Deutschland unter Feuer. Sie griffen wichtige kritische Infrastruktur an, nahmen die Aufmarschbewegungen der Alliierten großräumig ins Visier und bombardierten die über das ganze Land verteilten Truppenbereitstellungsräume und -quartiere, für die vor allem Schulen requiriert worden waren. Sie beschossen weiterhin sämtliche amerikanischen Hauptquartiere und Militäreinrichtungen in Deutschland, zerstörten die Abschussinfrastruktur der kürzlich stationierten amerikanischen Mittelstreckensysteme und setzten Nachschubeinrichtungen der NATO-Truppen außer Gefecht.

Zehntausende Zivilisten wurden dabei getötet, weit mehr verletzt. Schutzräume für die Zivilbevölkerung gab es so gut wie keine. Deutschland hatte auf den Einbau von Wärmepumpen gesetzt, als man glaubte, das Klima sei unser dringendstes Problem, nicht jedoch auf den Bau von Schutzräumen. Die vorhandenen Bunker aus dem Kalten Krieg waren in den letzten Jahrzehnten aufgegeben worden; neue wurden so gut wie nicht gebaut.

Die Krankenhäuser waren bereits nach den ersten Stunden des russischen Bombardements überfüllt. Wenige Tage später fehlten bereits Ausstattung und Medikamente. Die wenigsten Ärzte und Pfleger in Deutschland haben schon einmal Opfer eines Raketenbeschusses versorgen müssen. Jetzt mussten sie über deren Leben und Tod entscheiden, Überlebenschancen gegeneinander abwägen, den einen zu retten, den anderen aufzugeben. Dazwischen die alltäglichen Fälle, die sich von einem Krieg nicht stoppen lassen:

Herzinfarkte, Schlaganfälle, Geburten, Knochenbrüche, Verbrennungen, Autounfälle, Kopfverletzungen, Prügeleien, Stürze und Schnitte ... Hinzu kamen NATO-Soldaten, die auf dem Durchmarsch durch Deutschland verwundet worden waren oder, noch schlimmer, zusammen mit den vielen einheimischen Toten die Kapazitäten der Leichenhäuser sprengten; es waren längst zu viele, als dass man die Gefallenen hätte repatriieren können.

Deutschland auf der Flucht

Die russischen Raketen töteten, verletzten und vertrieben. Sie zerstörten Autobahnen, Brücken und Militäreinrichtungen, Häuser und Heime. Deutschland ist – oder besser: war – eng bebaut. Egal, wie vermeintlich präzise eine Waffe ihr Ziel trifft, sie zerstört auch über dieses Ziel hinaus. Hinzu kam, dass alliierte Soldaten in öffentlichen Einrichtungen und Sportstätten, aber auch in Privathäusern und Wohnungen untergebracht und versorgt werden mussten. Städte und Gemeinden entlang der Autobahnen und NATO-Routen traf es daher am Schlimmsten. Vieles wurde beschädigt oder komplett zerstört: die Bebauung, das Stromnetz, die Wasserversorgung, die Abwasserentsorgung, die Müllbeseitigung, die Schulen, die Krankenhäuser.

Hundertausende Deutsche flüchteten im eigenen Lande, weg aus den Ballungszentren und den besonders gefährdeten Gebieten, und verstopften dabei die Routen der NATO-Truppen. Zum ersten Mal seit 1945, als über zwölf Millionen Deutsche aus Ostpreußen, Schlesien und Pommern vertrieben wurden, war man in Deutschland wieder in unfassbar großer Zahl auf der Flucht.

Zehntausende Notaufnahmelager und Betreuungseinrichtungen für die Flüchtenden wurden aus dem Boden gestampft. Lager-, Turn- und Traglufthallen, Schulen und andere öffentliche Gebäude,

Theatersäle und Kirchen wurden umfunktioniert. In solchen Gemeinschaftsunterkünften lebt man nicht, man überlebt. Vielleicht.

Anders als in privaten Haushalten, in den zerstörten Gemeinden und unter den chaotischen Zuständen in den Großstädten gab es in den zentralen Unterkünften zumindest Strom und sauberes Trinkwasser. Im restlichen Deutschland richteten die großflächigen Stromausfälle zusätzlichen Schaden an: Ohne Strom kann keine Heizung funktionieren, die Wasserversorgung bricht zusammen, es gibt keine Möglichkeit zu kochen oder Lebensmittel zu kühlen. Es gibt kein Telefon, kein Radio und kein Fernsehen, um zu kommunizieren oder sich zu informieren. Hebeanlagen machen ihre Arbeit nicht, Pumpen für Wasser funktionieren nicht mehr, Abwasser wird nicht entsorgt oder geklärt, Müll bleibt liegen. Man kann sich nicht waschen, Geschirr oder Kleidung reinigen. Keime und Bakterien verbreiten sich, Seuchen entstehen, an denen weitere Menschen sterben.

Auch das öffentliche Leben stand mit jedem neuen Blackout still: Autos fuhren nicht, weil Zapfsäulen nicht funktionierten. Geschäfte mussten schließen, weil Waren nicht transportiert werden konnten und Kühlketten unterbrochen wurden. Aufzüge blieben stecken, der öffentliche Nahverkehr ruhte, IT-Systeme brachen zusammen. Daten, die nur noch digital aufbewahrt wurden, waren nicht mehr zugänglich, Kommunikation wurde unmöglich. In Unternehmen stand die Produktion still. Es gab keine Straßenbeleuchtung, keine Ampeln, keine lebenswichtigen Operationen und Behandlungen in Krankenhäusern und Arztpraxen. Kein Airfryer funktionierte, kein Dialysegerät, kein Netflix-Account, kein Notruf, kein Bankautomat, kein smartes Zuhause.

Die wenigsten Bürger konnten sich selbst helfen, etwa mit Lebensmittelvorräten, Kamin oder anderen Feuerstellen, Frischwasserzugang oder der Möglichkeit, Wasser zu reinigen. Der Staat – allen voran die Bundeswehr, die hier hätte einspringen müssen – bewirkte weniger als erhofft. Deutschland wurde mehr und mehr handlungsunfähig. Auch deshalb, weil sich Hunderttausende überwiegend jüngere wehr- und dienstfähige Deutsche ins Ausland abgesetzt hatten, um sich der Einberufung zu entziehen. Die Landesflucht hatte schon begonnen, bevor Deutschland angegriffen, der Bündnisfall ausgerufen und die Wehrpflicht wiedereingesetzt worden war. Schließlich waren die ersten warnenden Anzeichen schon länger für alle sichtbar gewesen. Als die Bundesregierung die Grenzen schließlich schließen ließ, war es bereits zu spät: Zu viele Wehrfähige hatten das Land bereits verlassen.

Immerhin gelang es der Bundeswehr, von den ursprünglich rund neunhunderttausend Reservisten einige Tausend einzuziehen. Damit war man zumindest in der Lage, die deutsche Brigade in Litauen auf volle Einsatzstärke und damit auf Kriegstüchtigkeit zu bringen. Einsatzbereite Staffeln der Luftwaffe waren an die Ostflanke des Bündnisses verlegt worden. Bei den Heeresverbänden, die daheim in Deutschland neu aufgestellt werden sollten, ging der Bundeswehr jedoch endgültig die Puste aus: Material und Menschen, soweit verblieben, waren zu alt. Dass es an Personal mangelte und die Waffensysteme der Bundeswehr zu einem großen Teil veraltet, nicht einsatzfähig oder schlichtweg nicht vorhanden waren, war schon lange bekannt gewesen. Dennoch musste Russland erst die Ukraine überfallen, bevor Deutschland das Problem in Angriff nahm. Doch drei Jahre Wiederaufbau mit begrenzten Mitteln – es war nicht so, dass nach dem Überfall auf die Ukraine dauerhaft Geld im Übermaß für die Bundeswehr geflossen wäre; das Sondervermögen von einhundert Milliarden Euro war bei weitem nicht ausreichend – können Jahrzehnte, in denen die Armee kaputtgespart wurde, nicht ungeschehen machen. Als Russland das Kanzleramt in Berlin mit Raketen beschoss, war die Einsatzbereitschaft der Bundeswehr noch längst nicht wiederhergestellt, sehr zum Unmut der NATO-Bündnispartner. Es ist vermessen, andere für sich eintreten, kämpfen und sterben zu lassen, wenn man selbst jahrzehntelang wenig bis nichts für die eigene Verteidigung tut.

Militärisch konnte Deutschland kaum etwas beisteuern; also hatte sich die Bundesregierung verpflichtet, Deutschland zumindest als logistische Drehscheibe für die NATO-Staaten optimal aufzustellen. Dazu gehörte, unter dem Dauerbeschuss der Russen die aufmarschierenden NATO-Verbände unterzubringen und zu versorgen, mobile Rastplätze einzurichten, Lazarette und Reha-Zentren für verwundete Soldaten sowie Betreuungs- und Erholungseinrichtungen zu etablieren.

Weil die Bundeswehr nur eingeschränkt dazu in der Lage war, mussten andere diese Aufgaben übernehmen: Zehntausende Zivilisten – Männer wie Frauen – wurden auf unbeschränkte Dauer zwangsrekrutiert. Wer zwischen 18 und 65 Jahren alt war, konnte diesen neuen Zivildienst nicht verweigern. »Zivil« war daran wenig bis gar nichts: Statt in Kirchengemeinden, Krankenhäusern, Jugendeinrichtungen, Altenheimen, in der Betreuung und Pflege, im Rettungsdienst oder im Umwelt- und Naturschutz zu arbeiten, übernahmen diese Zivildienstleistenden die Versorgung von Soldaten.

Überhaupt begann Deutschland, einen »zivilen Krieg« zu führen: Vor allem die Feuerwehren, Krankenhäuser und Dienste des Zivil- und Katastrophenschutzes, der Bund und die Kommunen waren gefordert, das Land zumindest rudimentär am Laufen zu halten. Das Technische Hilfswerk war ohne Unterbrechung landesweit mit Aufräumarbeiten beschäftigt.

Zwangspause für die Demokratie

Für demokratische Prozesse ist ein Krieg nicht die beste Zeit. Die Bundestagswahlen wurden aufgrund der Sicherheitslage ausgesetzt, sie waren nicht ordnungsgemäß durchführbar. Die Bürger verloren dadurch vorübergehend ihr Mitspracherecht. Anti-Kriegsdemonstrationen wurden verboten, weil russische Trolle und Hacker verheerende Desinformationskampagnen und Cyberangriffe auf deutsche Regierungseinrichtungen und Medienhäuser gestartet hatten. Sie begannen, Unruhe zu säen, Lügen zu verbreiten, die Gesellschaft zu spalten und zum Bürgerkrieg anzustiften. Staat und Medien hatten massive Probleme, den vielen Falschmeldungen entgegenzuwirken und faktenbasierte Informationen zu liefern. Für die Menschen im Land wurde es fast unmöglich, zwischen wahr und unwahr zu unterscheiden.

Zu ihrem eigenen Schutz mussten die Bürger zuhause bleiben. Ausgangssperren und Passierscheine wurden eingeführt. Wer Radioempfang hatte – die Bundesregierung hatte immerhin in großem Maßstab Kurbelradios produzieren lassen –, folgte den öffentlich-rechtlichen Sendeanstalten, die vierundzwanzig Stunden am Tag über die Lage informierten. Der Krieg sei alternativlos, wird seitdem propagiert – so wie es vor wenigen Wochen noch die Waffenlieferungen an die Ukraine gewesen waren.

Immer wieder fordert die inzwischen in die USA evakuierte Regierung die Bürger auf, als Zivilisten größtmöglichen Einsatz in diesem Krieg zu zeigen, sich für die Freiheit stark zu machen und gegen die russische Aggression zur Wehr zu setzen. Unermüdlich wird auch in vielen Medien daran erinnert, welche ungeheure Schuld Deutschland in der Vergangenheit auf sich geladen habe. Deutsche Soldaten hätten im Ersten und Zweiten Weltkrieg millionenfachen Tod in die Welt – auch in die Ukraine – gebracht. Die Sühne dafür, so der Appell, rechtfertige alle Opfer; es sei der Zoll, den Deutschland als Dank für die Befreiung von der Tyrannei der Nationalsozialisten nun zahlen müsse. Als Zivilisten Dienst am eigenen Land und seinen Verbündeten zu tun, sei die wichtigste Pflicht aller Bürger, solange die Bundeswehr nicht einsatzfähig sei.

Niemand erwähnt dabei, dass die Bundeswehr auch in absehbarer Zeit nicht kriegstüchtig sein wird. Im Gegenteil, die Durchhalteparolen klingen, als wären die deutschen Streitkräfte schon bald wieder in voller Stärke am Start. Als könnten sie die Lasten, die auf die Bürger im Land verteilt wurden, wieder auf ihre professionellen Schultern nehmen. Während folglich viele Deutsche davon ausgehen, dass der zivile Dienst eine vorübergehende Verpflichtung ist, sehen die geheimen Prognosen der Bundesregierung anders aus: Der Krieg gegen Deutschland, der erst wenige Wochen alt ist, hat das Land bereits jetzt an seine Grenzen gebracht. Hoffte die Regierung anfangs noch auf die Unterstützung der Amerikaner – nicht nur als verbündeter NATO-Partner, sondern auch als befreundete Nation –, hat sich die Lage inzwischen ins Gegenteil verkehrt: Die USA fordern Hilfe aus Deutschland. Die US-Regierung erwartet, dass sich Deutschland im Indopazifik an der Seite Amerikas gegen China stellt. Nicht nur mit Worten, sondern mit Taten. Der Krieg mit Russland sei hingegen eine »ureigene europäische Angelegenheit«, in die sich die USA nicht weiter einmischen würden.

Heute hat der Bundeskanzler zur Nation gesprochen. Er beschwor die transatlantische Freundschaft, die sich in schwieriger Zeit nun bewähren müsse. »Deutschland hat achtzig Jahre lang den Schutz dieser Freundschaft, den Schutz unserer amerikanischen Freunde genossen. Heute ist Deutschland gefordert, etwas zurückzugeben.«

Was er nicht sagt: Deutschland hat nichts mehr, was es geben kann.

Pass auf dich auf, Deutschland

Ein Deutschland, wie es auf den vorhergehenden Seiten geschildert worden ist, hätte vieles anders machen können und müssen.

Entweder, um einen Krieg zu verhindern oder, wenn keine Wahl bliebe, ihn so zu führen, dass man ihn beendet und gewinnt. Zumindest jedoch nicht verliert.

Das Deutschland auf den vorhergehenden Seiten dachte, es reiche aus, den Frieden zu wollen, um ihn zu sichern. Es war nicht für den schlimmsten Fall gewappnet, hat nicht wirklich mit ihm gerechnet. Es hat keine Weichen gestellt, keine alternativen Routen für sich selbst, für Russland und die Ukraine aufgezeigt, hat sich zu sehr auf die US-Amerikaner als wichtigste Verbündete verlassen und auf den Schutz durch NATO-Europa gehofft. Es hat keine eigene Sicherheit aufgebaut, hat keine Friedens-, aber auch keine Kriegspolitik betrieben. Nichts Halbes, nichts Ganzes. Es hat einfach nach- und mitgemacht. Dabei sollten doch gerade wir Deutschen darauf bedacht sein, stets mitzudenken, statt mitzulaufen.

Das Deutschland auf den vorhergehenden Seiten hat das umgesetzt, was auf NATO- und auf der ohnehin wenig durchsetzungsfähigen EU-Ebene angedacht wurde; hat getan, was man auf der anderen Seite des Atlantiks forderte. Es hat vergessen, was in seinem eigenen nationalen Interesse ist und wie ungünstig unser Land geopolitisch gelegen ist.

Vor allem ist ein solches Deutschland kein Hirngespinst, kein Horrorszenario. Nein, so würde es mit hoher Wahrscheinlichkeit aussehen, falls der Ukraine-Krieg eskalierte und unser Land in diesen Krieg hineinrutschte.

Dann wird in Deutschland Krieg herrschen. Realer, brutaler, blutiger, grausamer Krieg. Deutschland wird schnell handlungsunfähig werden. Chaos wird regieren. Wirtschaft und Gesundheitssystem werden zusammenbrechen. Unsere Heime werden in Trümmern liegen, wir werden hungern und frieren. Sehr viele Menschen werden sterben. Der Staat wird es nicht für uns richten können.

Lassen Sie uns bitte alles dafür tun, ein Deutschland wie auf den vorhergehenden Seiten zu verhindern.

Es wird nicht zwangsläufig zu einem Krieg in Deutschland kommen. Es muss auch nicht unweigerlich dieses Szenario sein, das sich abspielen wird. Vielleicht geht dieser Kelch an uns vorüber. Vielleicht wird rechtzeitig politisch gegengesteuert, von Berlin, von Washington, von Peking. Vielleicht werden ein Waffenstillstand und Friedensverhandlungen durchgesetzt. Vielleicht wird aber auch eine Atombombe gezündet und wir tragen den Rest des Konflikts mit Stöcken und Steinen aus. Ich zeige hier ein Risiko auf, ein realistisches Szenario, eine von mehreren Möglichkeiten.

Als unabhängiger Sicherheits- und Militärexperte stehe ich auf keiner Gehaltsliste und gehöre bewusst keiner Partei mehr an. Ich habe indes große Angst um Deutschland, sehr persönlich. Als Soldat habe ich einen Eid abgelegt, tapfer zu sein und für mein Land einzutreten. Dieser Eid bindet mich nicht nur, ich fühle mich ihm verbunden. Er verpflichtet mich, kritisch und laut zu sein, wenn ich unser Land in Gefahr sehe.

Ich sehe aber auch eine Lösung. Und ich hoffe, dass diejenigen, die unser Land lenken, sie ebenfalls sehen und endlich entsprechend handeln. Eine Politik, die einem Krieg in Deutschland Tür und Tor öffnet, darf einfach nicht sein. Nicht im Ukraine-Krieg und auch in keinem anderen Krieg. Denn im Krieg ist nur eines verlässlich: Es wird schlimmer kommen, als wir es uns ausmalen können.

Bist du noch zu retten, Deutschland?

Wie es so weit kommen konnte und was jetzt zu tun ist: Eine To-do-Liste für unser Land

»Die höchste Kunst des Krieges besteht darin, den Feind ohne Kampf zu bezwingen.«
Sunzi

1958 erklärte China dem Spatzen, genauer: dem Feldsperling, offiziell den Krieg. Der kleine Vogel wurde von Mao Tse-tung für die damaligen Hungersnöte und Ernteausfälle (mit)verantwortlich gemacht und ausgerottet. Die Folge: eine explosionsartige Vermehrung von Heuschrecken und anderen Getreideschädlingen, denen der Feldsperling unter normalen Umständen den Garaus gemacht hätte. Stattdessen hatten sie freie Bahn, was prompt zu einer erneuten Hungersnot führte. Bis zu fünfundvierzig Millionen Menschen (und womöglich zwei Milliarden Feldsperlinge) sollen gestorben sein. Man musste schließlich neue Feldsperlinge aus der damaligen Sowjetunion importieren – und feierte sie nun als gelobte »Freunde der Felder«. Oder wie es *Der Spiegel* formulierte: »Besser der Spatz in der Hand als Heuschrecken auf dem Land.«[3]

Hinterher ist man oft schlauer, Rückschaufehler hin oder her. Hätte Mao Tse-tung zudem auf jene Menschen gehört, die sich mit dem Fressen und Gefressenwerden auskennen, hätte er den Krieg gegen den Spatzen womöglich gar nicht begonnen. Vermeintliche Allwissenheit gepaart mit Ignoranz ist nie ein guter Ratgeber.

Deutschland hilft es allerdings nicht, hinterher schlauer zu sein oder auf das beliebt-berüchtigte »Qui vivra, verra« zu setzen. Übersetzt bedeutet es: »Wer leben wird, wird (es) sehen.« Hier wird auch gleich die implizite Voraussetzung benannt, um hinterher schlauer sein zu können – nämlich einen Fehler, den man macht, oder eine falsche Entscheidung, die man trifft, auch tatsächlich zu überleben. Vielleicht wird die Redewendung auch deshalb bevorzugt als »Die Zukunft wird es zeigen« übersetzt. Wenn die Zukunft es zeigt, ist es jedoch möglicherweise zu spät. Deutschland muss *jetzt* schlauer sein. Dafür muss sich insbesondere die deutsche Politik fragen, wie es zu einem Kriegsszenario wie dem eingangs geschilderten kommen könnte und was wir tun müssen, um das zu verhindern.

Erste Maßnahme
Das Problem erkennen: Der (erste) Zug ist abgefahren

Der Westen und insbesondere Deutschland hätten in der Vergangenheit einiges tun können, damit sich der bereits lange schwelende Konflikt zwischen Russland und der Ukraine nicht zu einem Krieg entwickelt.[4] Zeigt die Vorgeschichte nicht klar auf, um was es seit Jahren geht? Es geht, vereinfacht gesagt, vor allem darum, dass die seit langem angestrebte NATO-Mitgliedschaft der Ukraine eine (dunkel)rote Linie für Russland ist. Aus russischer Sicht ist das logisch: Durch einen NATO-Beitritt der Ukraine würde Russland die Kontrolle über die Krim und den freien Zugang zur Schwarzmeerregion mit ihren einzigen eisfreien Häfen auf der Krim verlieren. Russische Kriegs- oder Handelsschiffe ließen sich dann nicht mehr so einfach auf die Weltmeere schicken. Für eine Nation, die sich als Großmacht betrachtet beziehungsweise wieder zur Großmacht aufsteigen will, ist das ein No-Go. Zudem fürchten die Russen, dass Truppen und Raketen der NATO in der Ukraine und damit in ihrer unmittelbaren Nachbarschaft stationiert werden könnten.

Um Missverständnissen vorzubeugen: Die Perspektive eines anderen – hier der Russen – einzunehmen, um dessen Handlungen und Beweggründe zu verstehen, ist in der Geopolitik ein Muss. Ansonsten kann man Situationen nicht rational bewerten und einordnen. Es bedeutet jedoch nicht, dass man diese Perspektive gutheißt. Im Gegenteil: Wenn ich verstehe, was das Problem und die Konsequenzen sind, kann ich die *für mich* richtigen Entscheidungen treffen – natürlich auch solche, die sich gegen den anderen und seine Beweggründe richten. Meine Entscheidung ist dann aber bewusst getroffen. Es ist also politisch zwingend, die Interessen anderer Staaten, egal ob Freund oder Feind, zu kennen und zu verstehen.

Die russischen Befürchtungen können dem Westen und Deutschland nicht egal sein, schließlich haben sie Putin dazu gebracht, in der Ukraine einzumarschieren und einen Krieg zu beginnen mit dem Ziel, entweder die gesamte Ukraine zu besetzen oder zumindest die Krim und den Donbass ein für alle Mal unter russische Herrschaft zu bringen.

Dass die westlichen Staaten die Ukraine gegen die russische Aggression unterstützen, ist richtig und wichtig. Man muss sich jedoch bewusst machen: Wenn sich die Ukraine Russland dauerhaft vom Hals halten wollte, müsste sie den Krieg gewinnen. Sie müsste Russland militärisch besiegen. Es ist unwahrscheinlich, dass das gelingt, solange die NATO nicht als Kriegspartei einsteigt, was unbedingt vermieden werden muss. Immerhin verfügt Russland über das größte Atomwaffenarsenal der Welt. Zum anderen: Wer sollte als Siegermacht ein zerschlagenes Russland managen? Das strategische Vakuum, das ein Vielvölkerstaat wie Russland hinterließe, wäre nicht händelbar und würde Warlords und anderen regionalen Akteuren Tür und Tor öffnen. Weder der Westen noch Deutschland und erst recht nicht die kriegsgebeutelte Ukraine hätten die notwendigen Kapazitäten. Ein besiegtes Russland ist nicht in unserem Sinn, man muss es so deutlich sagen.

Genauso wenig ist es in unserem Sinn, dass die Ukraine besiegt und besetzt wird.

Der Krieg steckt in einer Sackgasse. Hunderttausende Menschen mussten auch deshalb sterben, weil es noch keine politische Lösung gibt – doch die muss es geben. Erst recht, weil auch militärisch eine Pattsituation herrscht und sich der Krieg in dieser Hinsicht ebenfalls festgefahren hat. Wenn sich militärisch nichts bewegt und beide Parteien weder siegen noch verlieren dürfen, muss verhandelt werden. Daran führt kein Weg vorbei – vorausgesetzt, wir streben keinen Dritten Weltkrieg an.

An dieser Stelle wird gerne ein Gegenargument eingeworfen: Man könne die Russen weiter abnutzen. Ja, das kann man. Man wird allerdings zu demselben Ergebnis kommen, nämlich dass der Krieg sich festgefahren hat – allerdings erst nach weiteren Hunderttausenden Toten auf beiden Seiten. Ein solcher Abnutzungsversuch bedeutet außerdem die weitere Zerstörung der Ukraine. Was bleibt von diesem Land noch übrig? Es wird dem Erdboden gleichgemacht – und irgendwann gehen ihm und dem Westen an seiner Seite trotzdem die Luft aus. Abgenutzt sind dann beide Seiten. Zudem müssen wir uns ehrlich eingestehen: Es ist nicht die Ukraine, die diese Entscheidung treffen muss. Der Schlüssel für die Lösung dieses Krieges liegt in Washington und Moskau.

Zweite Maßnahme
Tätig werden: Deutschland macht sich kleiner, als es ist

Deutschland und die EU sind keine »Global Player«. Mit den Großmächten USA, China und in gewisser Weise auch Russland können sie sich nicht messen. Im globalen geostrategischen Kampf um die Macht fehlen ihnen das politische Gewicht und die militärische Stärke, um die eigenen Interessen konsequent durchsetzen zu können – und sei es nur, dass man eine starke Armee im Rücken hat. Wirkt sie abschreckend genug, muss sie oft gar nicht zum Einsatz kommen.

Ein Global Player zu sein ist allerdings auch eine Frage des Wollens, nicht nur des Könnens. Gemeinsam kommen zum Beispiel alle EU-Mitgliedsländer auf ein stattliches Verteidigungsbudget, trotz jahrzehntelanger Zurückhaltung und Sparsamkeit. Würden die Länder ihre Armeen ernsthaft in Schuss bringen und dafür sorgen, dass sie nicht nur national »funktionieren«, sondern auf EU-Ebene tatsächlich zusammenarbeiten können, angefangen bei kompatiblen Waffensystemen bis hin zu gemeinsamen Strukturen, wäre das, auch im globalen Vergleich, eine eindrucksvolle Demonstration von Stärke. Derzeit ist das allerdings unrealistisch und höchstens sehr ferne Zukunftsmusik.

Auch politisch und wirtschaftlich ziehen die EU-Länder nicht konsequent an einem Strang. Ihre nationalen Interessen sind zu unterschiedlich. Vor allem ist die Europäische Union ein integratives *Friedens*projekt. Man wollte zusammenwachsen, Grenzen abbauen und ein friedliches Miteinander schaffen. Das hat lange funktioniert. Nur haben sich die Gegebenheiten verändert: China ist zu einer Großmacht mit ernsthaften Ambitionen herangewachsen, auch mit dem Ziel, Eurasien zu dominieren. Das lange angestrebte friedliche Miteinander mit Russland – Stichwort: Wandel durch Handel – hat sich nicht weiter-, sondern zurückentwickelt. Der Globale Süden mit den BRICS-Staaten formiert sich als Gegengewicht zum Westen. Neue Akteure streben nach Einfluss und Macht und lassen sich nicht länger klein halten. Und die USA werden in einigen Jahren voraussichtlich nicht mehr die unangefochtene Nummer Eins in der Welt sein. Ihre Vormachtstellung wird an zu vielen Fronten – ökonomisch, politisch und militärisch – gleichzeitig angegriffen, als dass sie sie überall mit der gleichen Stärke und Konsequenz verteidigen könnten.[5]

Wer unter diesen neuen Bedingungen mitmischen und die Neuordnung der Welt mitbestimmen will, kann nicht einfach weitermachen wie bisher. Dass Deutschland – wie die EU – grundsätzlich Frieden, Freiheit und Stabilität in Europa und der Welt sichern will, ist richtig. Es genügt jedoch nicht mehr, sich zurückzuhalten, sich bloß nicht die Finger schmutzig zu machen und stattdessen die anderen (sprich: die USA und die NATO) machen zu lassen. Deutschland ist die stärkste Wirtschafts- und Finanzmacht in Europa. *Natürlich* haben wir politisches Gewicht. *Natürlich* können wir Dinge durchsetzen und bewegen. *Natürlich* können wir die Initiative ergreifen und zusammen mit anderen Ländern Friedensverhandlungen für die Ukraine anstoßen.

Deutschland wird den Krieg natürlich nicht und erst recht nicht im Alleingang beenden. Deutschland hat auch keine Lösung parat, mit der alle Beteiligten glücklich sein werden. Aber Deutschland kann sich aktiv für Verhandlungen einsetzen, kann mit allen Beteiligten reden, auch wenn es zu Recht schwerfällt, sich mit dem Aggressor Putin an einen Tisch zu setzen. Putin wolle ohnehin nicht reden, heißt es immer wieder. Wie aber kann das ein Argument sein? Solange er militärisch davon ausgeht, nicht reden zu müssen, könnte man das denken. Aber was würde er tun, wenn man ihm zum Beispiel auf deutsche oder europäische Initiative hin und mit diplomatischem Druck durch China und die BRICS-Staaten klar macht, öffentlich oder hinter verschlossenen Türen: Dieser Krieg schadet allen. Geballter Druck von allen Seiten, auch von Russlands vordergründig Verbündeten, kann stärker wirken als Sanktionen, die uns in Deutschland selbst treffen. Voraussetzung dafür wäre natürlich, mit China und den BRICS-Staaten zu reden und sich in dieser Sache zusammenzutun. Alternativ – oder sogar ergänzend, auch wenn der Realist in mir hier viele Hürden sieht – müsste sich in Washington eine breitere Front für Frieden aufbauen. Warum stehen Deutschland und die Europäische Union dort nicht schon längst in der Tür, um auf eine politische Lösung für die Ukraine zu pochen?

Stattdessen übt sich Deutschland in friedlich-freundlicher Zurückhaltung, schaut abwartend Richtung Washington, was man dort wohl entscheiden wird, schneidet sich mit den (vermeintlich moralisch richtigen, aber wirtschaftlich schwierigen) Sanktionen gegenüber Russland ins eigene Fleisch und importiert russisches Öl und Gas stattdessen durch die (indische) Hintertür.

Deutschland hätte längst die Initiative ergreifen können und müssen, zum Beispiel zusammen mit Frankreich oder im Rahmen des Weimarer Dreiecks, einem Forum, in dem sich Deutschland, Frankreich und Polen seit Anfang der 1990er Jahre zu grenzüberschreitenden, europapolitischen und internationalen Angelegenheiten abstimmen. Oder wie erwähnt sogar zusammen mit China oder Ländern des Globalen Südens. Wenn wir ernsthaft den Anfang machen, werden zumindest andere europäische Länder folgen. Der Krieg findet vor *unserer* Haustür statt. *Wir* werden die Leidtragenden sein, wenn er weiter eskaliert, nicht unsere Richtungsgeber, die USA. Bereits jetzt werden unzählige ukrainische und russische Leben vernichtet, weitere Leben in ganz Europa könnten folgen.

In Deutschland lassen wir uns – auch auf politischer Ebene – stark von Werten leiten, die zudem, wenn man näher hinschaut, nicht ganz so lupenrein sind, wie wir es glauben. Darauf komme ich noch zurück. Dabei bräuchten wir dringend eine Portion Rationalität, Pragmatismus und ja, auch Egoismus, um zwar werteorientiert, aber eben auch im Interesse Deutschlands zu handeln.[6] Natürlich ist es unsere Verantwortung für Europa und unsere moralische Verpflichtung den Opfern gegenüber, uns für Friedensverhandlungen einzusetzen. Vor allem liegt es aber in unserem nationalen, deutschen und europäischen Interesse, diesen Krieg politisch zu beenden, nicht militärisch. Erstens, um uns davor zu schützen, selbst im Krieg zu landen. Zweitens, um endlich der Gewichtung und Rolle Deutschlands in Europa gerecht zu werden. Wann zeigen wir endlich, dass wir nicht die ewig Unentschlossenen sind, die den USA gegenüber autoritätshörigen Zauderer? Drittens, um Europa quasi im Nebeneffekt in einen ernstzunehmenden Global Player zu verwandeln.

In unseren deutschen, moralisch geprägten Ohren mag es ungeheuerlich klingen, wahr ist es trotzdem: Keinen Krieg in Europa stattfinden zu lassen, ist sicherer, besser und billiger für Deutschland. Also sollten wir alles dafür tun, ihn mit politischen Lösungen schnellstmöglich zu beenden. Die Ukraine und Russland, die NATO und Russland, die USA und Russland, die EU und Russland: Frieden bedeutet nicht, schnellstmöglich beste Freunde zu werden. Frieden ist lediglich die Abwesenheit von Krieg, und ohne Frieden wird auf Dauer niemand überleben.

Dritte Maßnahme
Wissen, was wir wollen: Ohne Ziel gibt es keinen Weg zum Ziel

Natürlich kann man auch ohne Ziel ankommen. Bloß kommt man dann irgendwo an, zum Beispiel in einem Deutschland, das sich im Krieg befindet. Wenn also ein Krieg vor der Haustür steht und man die Verantwortung für rund fünfundachtzig Millionen Menschen trägt, sollte man keinen ziellosen Schlingerkurs ohne Kompass fahren.

Und doch tun wir genau das. Die deutsche Politik hat keine realistischen, erreichbaren Ziele, wenn sie einen Sieg der Ukraine herbeireden will, statt Verhandlungen anzustoßen. Die deutsche

Politik ignoriert militärische und strategische Realitäten, denkt nicht vom Ende her und agiert nicht auf Basis der deutschen Interessenlage.

Beispiel Waffenlieferungen: Was ist das Ziel, wenn man nicht parallel auf eine politische Lösung und Verhandlungen setzt? Eine Nuklearmacht wie Russland und ein Diktator wie Putin, der seine Bevölkerung rücksichtslos im Krieg verheizt, lassen sich nicht mit ein paar Panzern besiegen. Sie lassen sich auch nicht abnutzen, zumindest nicht von der Ukraine allein. Also kann das Ziel von Waffenlieferungen nur sein, eine Niederlage der Ukraine zu verhindern und deren Verhandlungsposition zu stärken. Dann braucht man jedoch auch eine Strategie für »danach«.[7] Soll die Ukraine unabhängig sein? Wie würden wir diese Unabhängigkeit sichern und in der Zukunft schützen? Es ist trotz allem unwahrscheinlich, dass die Ukraine in absehbarer Zeit Mitglied der Europäischen Union oder der NATO wird; dieser Schutz wäre also erst einmal nicht gegeben. Und wie würden wir Russland in eine europäische Ordnung mit einer unabhängigen Ukraine einbeziehen? Was bekäme Putin im Gegenzug? Schließlich wollen wir ihn nicht vollends in die Arme Pekings treiben, denn das würde die Machtverhältnisse zu unseren Ungunsten verschieben. Das sind nur einige der Fragen, die beantwortet werden müssten. Waffen alleine sind hier weder der Weg zum Sieg noch zum Frieden; ohne realistische Ziele sind sie politischer Aktionismus und reine Symbolpolitik.

Wer zudem immer weitere Waffen oder sogar Waffensysteme wie Taurus fordert, mit denen sich die Ukraine nicht nur verteidigen, sondern Russland angreifen könnte, verschließt die Augen vor den möglichen Konsequenzen. Da wäre das Völkerrecht, mit dem wir uns zu Recht ausgiebig beschäftigen, seit wir Waffen liefern. Aber Putin wird sich kaum darum scheren, ob unsere Waffenlieferungen vom Völkerrecht gedeckt sind oder nicht. Es ist wahrscheinlicher, dass er das Geberland Deutschland als Kriegspartei wahrnimmt, falls zum Beispiel Taurus-Marschflugkörper aus der Ukraine auf Moskau abgefeuert würden. Ich sage nicht, dass Putin damit richtig liegt. Ich sage: Man muss sich der realistischen Konsequenzen bewusst sein und – im Sinne Deutschlands – vom Ende her denken.

Für Deutschland kann die Lösung nur sein, eine langfristige politische Strategie zu entwickeln und sie mit Hilfen für die Ukraine (wie zum Beispiel Waffenlieferungen, soweit sie Sinn machen) zu verbinden. Deutschland muss endlich die richtigen Fragen stellen und beantworten: Wie sehen mögliche Wege aus dem Konflikt aus? Wie kann ein möglicher Frieden aussehen? Was kann und soll für die Ukraine erreicht werden? Welche Ziele sind realistisch und was steht im Weg? Wie schaffen wir es zugleich, Deutschlands Interessen zu wahren?

Bislang zeigt sich die deutsche Politik jedoch strategisch planlos und nicht lösungsorientiert. So kann kein Krieg beendet werden und erst recht nicht *in unserem Sinne* beendet werden. Das mag – ähnlich wie oben – vermessen klingen. Schließlich geht es doch um die Ukraine!

Nein, es geht immer auch um Deutschland: Der Krieg kann nach Deutschland hinüberschwappen. Dass wir die Ukraine unterstützen ist richtig, aber immens teuer, der Wiederaufbau nach dem Krieg noch nicht eingerechnet. Russland zu ächten mag moralisch richtig sein, kostet uns aber ebenfalls – und zeigt bisher weder die erhoffte durchschlagende Wirkung, noch bringt es Putin an den Verhandlungstisch. Weil es also auch um Deutschland – wie überhaupt um Europa – geht, darf die deutsche Politik die eigenen nationalen Interessen nicht einfach ausklammern. Stattdessen muss sie endlich eine umfassende Strategie für Deutschland finden, die sich an unseren nationalen Interessen orientiert und über den Krieg in der Ukraine hinausreicht, selbst wenn er eines unserer dringendsten Probleme ist. Deutschland muss wieder lernen, das, was für uns am besten ist, zur Leitschnur unseres außen- und sicherheitspolitischen Handelns zu machen.[8]

Wie soll zum Beispiel unser Verhältnis zu den USA in Zukunft aussehen? Derzeit verhalten wir uns wie ein 51. US-Bundesstaat, wenn auch aus gutem Grund. Und wie wollen wir unser Verhältnis zu China gestalten? Der Handel mit China ist für uns wirtschaftlich existenziell, aber herausfordernd – und für die US-Amerikaner etwas, mit dem wir schleunigst aufhören sollten. Wie wollen wir es mit den übrigen Ländern des Globalen Südens halten? Auch hier bräuchten wir dringend stabile politische und wirtschaftliche Beziehungen. Was machen wir mit unseren vielen anderen europäischen Problemen? Etwa mit den Fragen, wohin sich die EU entwickeln will und kann oder wie wir unsere offene Südflanke mit vielen regionalen Krisen und entsprechenden Flüchtlingsbewegungen sichern und Extremismus abhalten. Wenn wir ans Ziel kommen wollen, dürfen isolierte Waffenlieferungen nicht unser zentrales, alles beherrschende politische Thema sein.

Vierte Maßnahme
Für sich einstehen: Deutschland muss (und darf) sich selbst der Nächste sein

Als Russland im Februar 2022 die Ukraine überfiel, kam Bewegung in das ansonsten recht behäbige Europa: Schweden und Finnland traten der NATO bei. Die Bundeswehr bekam ein stattliches, wenn auch in keiner Weise ausreichendes Sondervermögen. Die NATO verstärkte ihre Präsenz an der Ostgrenze. Man zog länderübergreifend an einem Strang, schickte Waffen und Gelder, erließ Sanktionen, nahm Flüchtende aus der Ukraine mit offenen Armen auf. Die westliche Welt rückte enger zusammen. Man war sich einig, war schlagkräftig, entschlossen.

Und dann gaben Deutschland und die Europäische Union den Ball wie so oft an Washington ab.

Deutschland tritt bei allem, was den Krieg in der Ukraine angeht, passiv auf. Ich meine nicht die Waffenlieferungen; hier hat die deutsche Politik entschlossen gehandelt. Der Krieg hat jedoch generell gezeigt, dass niemand nach Deutschland schaut, wenn es um die Weltbühne geht. Was macht Washington? Was Moskau? Was Peking? Aber Berlin, wen interessiert's? Brüssel als politischer Hauptstadt der EU geht es ähnlich. Das ist zum Teil auch Deutschlands Fehler.

Deutschland tritt geopolitisch nicht als ebenbürtiger Partner in Aktion. Wir nehmen keine strategisch führende Rolle in der EU oder NATO ein, obwohl wir es könnten. Von einer Partnerschaft auf Augenhöhe mit unseren engsten Verbündeten, den USA, kann keine Rede sein. Und beim Spagat zwischen den Amerikanern und den Chinesen (von den Russen derzeit ganz zu schweigen) brechen wir uns die Beine.

Es ist nicht so, dass Deutschland von außen zurückgehalten würde. Deutschland hält sich selbst zurück. Es mag aufgrund unserer Geschichte und unserer nationalen Verfasstheit verständlich sein, dass wir die Welt in Gut und Böse, Richtig oder Falsch einteilen möchten. Dass wir inzwischen lieber friedlich, freundlich und bewusst eher harmlos auftreten, als andauernd die Muskeln spielen zu lassen (die uns daher auch fehlen: kein Training, keine Muskeln). Doch ohne strategische Autonomie findet die Welt in Zukunft ohne Deutschland statt.

Wir müssen nicht lospoltern, um uns Gehör zu verschaffen, aber wenn wir etwas zu sagen haben, müssen wir es sagen. Und zwar auf unmissverständliche Weise. Wenn wir für uns und unsere Interessen einstehen, werden andere nicht zwangsläufig begeistert sein, weil unsere Interessen ihren eigenen womöglich entgegenstehen. Aber man muss uns ernst nehmen, wenn wir anfangen, in unserem Sinne zu agieren, statt stets im Interesse anderer zu reagieren.

Fünfte Maßnahme
Abschreckung aufbauen, Verständigung suchen: So sichern Bundeswehr und Politik den Frieden

Die Welt befindet sich im Umbruch, die Verteilung der Macht wird neu geordnet. Deutschland kann seine Interessen nur wahren, indem es sich jetzt ein Stück vom Kuchen sichert. Ansonsten enden wir als Spielball der Mächtigen – und denen sind Deutschlands Interessen egal. Viel hängt dabei von unserer militärischen Stärke ab, weil wir unseren Interessen damit (theoretischen) Nachdruck verleihen. Sie schreckt die einen ab und macht uns für die anderen als Verbündete attraktiv.

Voraussetzung dafür ist eine einsatzfähige Bundeswehr, aber auch ein Haltungswandel: Deutschland muss willens sein, mehr für die eigene Sicherheit und die Sicherheit Europas zu tun, anstatt alles Militärisch-Strategische rundheraus abzulehnen und sich auf einer »Armee für den Frieden« auszuruhen – mehr durfte die Bundeswehr zuletzt nämlich nicht sein. Die Zeche dafür zahlen wir jetzt: mit Streitkräften in desolatem Zustand in einem Moment, in dem wir sie in bestmöglicher Form bräuchten. Doch genau das ist die Crux nationaler Sicherheit: Es lässt sich nicht vorhersagen, wann man darauf angewiesen ist. Ein Rauchmelder, bei dem man sich die Batterien spart, weil man diese im Brandfall ja noch einsetzen kann, ist ungefähr so sinnvoll wie eine nicht kriegstüchtige Armee.

Ich sage das nicht als Soldat, der ich lebenslang war, und auch nicht als General a. D. der Bundeswehr. Wäre Neutralität in meinen Augen ein besserer Weg, um uns auf der Weltbühne zu behaupten (und behaupten müssen wir uns, um unsere Freiheit, unsere Sicherheit und unseren Wohlstand zu erhalten), würde ich für ein neutrales Deutschland plädieren.

Während des Kalten Krieges hat die Bundeswehr bewiesen, wie wichtig militärische Stärke für unsere Sicherheit ist. Mit mehr als einer halben Million Soldaten – derzeit ist es gerade noch ein Drittel davon – und zwölf einsatzfähigen Divisionen war sie kriegstüchtig und weit entfernt von dem seit den 1990er Jahren politisch verschuldeten, mangelhaften Zustand der heutigen Bundeswehr. Kriegstüchtigkeit heißt nichts anderes, als dass sie Westdeutschland von jetzt auf gleich hätte verteidigen können, mit ausreichend Personal und modernen, funktionsfähigen Waffen. Nebenbei einmal rhetorisch gefragt: Ist es nicht Sinn einer Waffe, dass sie funktionieren muss? Durch die Kriegstüchtigkeit hat die damalige Bundeswehr maßgeblich dazu beitragen, dass es nicht zum Krieg kam. Der Frieden wurde bewahrt, weil die einstige Bundesrepublik eine glaubwürdige Verteidigungsfähigkeit besaß. Das galt übrigens auch für die DDR und deren NVA – auch wenn der Auftrag naturgemäß ein anderer war.

Gleichzeitig achtete die damalige westdeutsche Außen- und Sicherheitspolitik darauf, dass die Sicherheit Europas untrennbar mit der Sicherheit Nordamerikas, sprich: der USA, verbunden war. Jede Form der Singularisierung und Europäisierung unserer Sicherheit (das, was wir im Gegensatz dazu mit Blick auf den Krieg in der Ukraine und die Aufstellung amerikanischer Mittelstreckenraketen in Deutschland derzeit betreiben) hat Westdeutschland im NATO-Bündnis damals nicht mitgetragen. Wir haben uns geweigert, als einzige die Zielscheibe auf dem Rücken zu tragen.

Wir haben uns damals bewusst eng an die USA gebunden, allerdings waren die Gegebenheiten im Kalten Krieg andere als heute: Die Westbindung Konrad Adenauers war damals noch nicht Ausdruck deutscher Untertanenmentalität – heute macht Deutschland, was Washington vorgibt –, sondern entsprach unserer damaligen nationalen, westdeutschen Interessenlage. Konrad Adenauer und seine Nachfolger wären nie auf die Idee gekommen, Stellvertreterkriege zu alimentieren, die lediglich den Interessen der USA dienten, wie es die deutsche Politik zuletzt hingegen getan hat. Genauso wenig hätten Adenauer und seine Nachfolger die NATO plötzlich weltweit in Frontstellung zu Ländern gebracht, mit denen Deutschland, wie zum Beispiel mit China, seinen Wohlstand erwirtschaftet. Im Kalten Krieg wurde die NATO nicht zweckentfremdet, um die Interessen einzelner Bündnismitglieder durchzusetzen und dafür in den Kampf zu ziehen. Sie trat einzig und allein als das *Verteidigungsbündnis* auf, als das sie ins Leben gerufen worden war.

Diese damalige Form der Westbindung bedeutete, dass die Bundeswehr im Kalten Krieg Schulter an Schulter mit alliierten Großverbänden die Ostgrenze der damaligen Bundesrepublik und der NATO verteidigte. Wir drängten die Alliierten regelrecht dazu, ihre Streitkräfte auf deutschem Boden, auf dem damals übrigens die dichteste Streitkräftekonzentration der Welt herrschte, zu stationieren, und nahmen dafür sogar den Vorwurf in Kauf, ein besetztes Land zu sein. Hauptsache, man verhinderte, dass ein möglicher Krieg mit dem damaligen Ostblock zu einer rein europäischen Angelegenheit wurde. Westdeutschland brauchte die USA an seiner Seite – und vor Ort –, um einen Krieg unwahrscheinlich zu machen.

Hätte die damals aufgebaute Abschreckung nicht funktioniert, wäre Deutschland – BRD wie DDR – womöglich zum Kriegsschauplatz geworden, ähnlich fürchterlich wie eingangs geschildert und möglicherweise von einem Atomschlag gekrönt. Deutschland wäre vollständig zerstört und die meisten seiner Bewohner getötet worden. Es war jedoch unwahrscheinlich, dass es zu einem solchen Krieg gekommen wäre: Jeder Angriff auf Westdeutschland hätte gleichzeitig alle Bündnispartner, auch die USA, getroffen und in den Krieg hineingezogen. Die jeweiligen nationalen Interessen waren also gleichzeitig ein gemeinsames Interesse, nämlich Krieg mit allen Mitteln zu verhindern. »Alle Mittel« bedeutete: militärische Abschreckung und eine besonnene Politik – eine Kombination, die als »Harmel-Doktrin« der NATO in die Geschichte einging. Im Grunde teilten auch die Gegner, nämlich die Ostblock-Staaten, dieses gemeinsame Interesse. Auch ihnen hätte ein großer Krieg mit dem geeinten Westen mehr geschadet als genützt.

Diese Abschreckung war erfolgreich. Gleichzeitig bemühten sich deutsche Regierungen seit den 1960er Jahren um Abrüstung, vertrauensbildende Maßnahmen und um Dialog mit der damaligen Sowjetunion. Das hat uns im Bündnis und gegenüber den USA eine starke Position mit Gestaltungskraft gegeben. (Zur Erinnerung: Heute macht sich Deutschland kleiner, als es ist.) So konnte der Frieden in Europa über Jahrzehnte bewahrt werden.

Auf diesem Erfolg hat sich Deutschland, auch das vereinte, in den letzten Jahrzehnten ausgeruht. Wir haben uns in Sicherheit gewogen und darauf gesetzt, dass der Status quo der Welt und der Frieden erhalten bleiben. Doch Frieden und Sicherheit machen Arbeit. Der Krieg in der Ukraine zeigt, dass sich Deutschland nicht auf Waffenlieferungen beschränken kann. Es braucht politisches Handeln und Verhandeln, Verständigung und Interessenausgleich. Egal, wie fest deutsche Politiker die Augen vor Russlands Interessen verschließen und unabhängig davon, ob diese Interessen berechtigt sind oder nicht: Sie werden nicht einfach dadurch verschwinden, dass man sie ignoriert. Also muss man sie sich vornehmen, sie analysieren, bewerten und politisch darauf reagieren. In dem schwelenden Konflikt zwischen den USA und China im Indopazifik beziehungsweise um Taiwan ist es übrigens ähnlich. Nur weil die Amerikaner dort starke Interessen haben, werden sich die chinesischen Interessen nicht in Luft auflösen.

Politische Lösungen zu finden, entspricht übrigens auch dem Friedensgebot des deutschen Grundgesetzes: Die deutsche Außen-

und Sicherheitspolitik muss sich stärker daran orientieren und es durch politischen Dialog umsetzen, nicht durch Waffenlieferungen und NATO-Einsätze. Erst recht mit Blick auf die veränderte, multipolare Welt mit ihren neuen Akteuren und auf die gerade stattfindende Umverteilung der Macht. Der Westen, sprich: die USA auf der einen Seite, der Osten auf der anderen, alles andere ist zu vernachlässigen – das war einmal. So klar und übersichtlich, wie die Welt einmal schien, ist sie nicht mehr.

Auch Deutschlands Interessen sind zwangsläufig nicht mehr so eindeutig wie sie es einmal waren. Unser Verhältnis zu den USA garantiert uns nicht mehr ausschließlich Sicherheit, sondern bringt ein zunehmendes Risiko mit sich. Ohne die militärische Stärke der Amerikaner wären wir jedoch hilf- und schutzlos – und diesen Schutz lassen sich die USA durch politische Loyalität bezahlen. Indem sie Sicherheit für Deutschland und Europa liefern, zum Beispiel in Form der NATO, wirken sie natürlich auch in ihrem eigenen Sinne der Gefahr entgegen, Eurasien an China und Russland zu verlieren. Peking und Moskau könnten sich den europäischen Kontinent einverleiben, falls die Amerikaner ihn fallen lassen, bevor die Europäer selbst in der Lage sind, für ihre Sicherheit zu sorgen. Die Gefahr, fallen gelassen zu werden, besteht jedoch noch nicht unmittelbar; noch braucht Washington uns – oder zumindest die osteuropäischen Staaten – als Bollwerk gegen Russland und China.

Die USA erwarten also Loyalität von uns. Gerade gegenüber Russland und China können wir – im Interesse Deutschlands – jedoch keine kategorische Ablehnung und keine strategische Abkopplung und Entflechtung gebrauchen, wie es die USA von uns fordern. Wir brauchen stattdessen mehr Dialog, Diplomatie, Interessenausgleich und stabile politische Beziehungen in alle Richtungen. Gleichzeitig dürfen wir nicht naiv darauf hoffen, dass das genügt. Die Sicherheitslage in Europa ist unbeständig, wir leben in gefährlichen Zeiten. Wir können politischen Lösungen nur dann

Vorrang geben, wenn wir uns gleichzeitig absichern und unangreifbar machen, nämlich mit einer Bundeswehr, die jederzeit zur Verteidigung Deutschlands und des NATO-Bündnisses bereit ist, sprich: die personell und materiell besser ausgestattet ist.[9] Das ist ihr verfassungsgemäßer Auftrag, nicht der weltweite Einsatz bei internationalen Missionen mit unklaren Zielen. Dass die Bundesrepublik tatsächlich auch »am Hindukusch« verteidigt werden muss, kann durchaus sein; es darf aber nicht zum Regelfall werden.

Auch das unbeliebte Thema der Wehrpflicht muss wieder auf den Tisch. Wir werden nicht darum herumkommen, zumindest in der einen oder anderen Form über einen verbindlichen Dienst für alle, die Staatsbürger sind oder werden wollen, nachzudenken – oder die Bundeswehr muss attraktiver werden. Die Truppe hat es lange nicht geschafft, neues Personal zu rekrutieren. Will Deutschland Zivilisten den Krieg führen lassen? Oder aus Fachkräftemangel die Waffen strecken? Die Bundeswehr braucht baldmöglichst die angestrebte Truppenstärke von mindestens zweihunderttausend Soldaten, um wirklich einsatzbereit und gegenüber Freunden wie Feinden überzeugend zu sein. Nicht zuletzt ist die Wehrpflicht immer eine enge Klammer zwischen Streitkräften und Zivilgesellschaft, aus der die Soldaten hervorgehen, gewesen. In Zeiten, in denen die Bundeswehr eine wichtige Rolle für unser Land spielen muss, ist das vielleicht eine gute Möglichkeit, sich einander wieder näher zu kommen.

Sechste Maßnahme
Vorbereitet sein: Bundes-Prepping statt Kampf ums Überleben

Der schlechte Zustand der Bundeswehr ist das eine. Aber auch in anderer Hinsicht ist Deutschland nicht auf einen Krieg vorbereitet.

Selbst im Kalten Krieg, als sich die damalige Bundesrepublik an der Nahtstelle zwischen Westen und Osten befand – räumlich konnte man einem potenziellen Atomkrieg kaum näher kommen – und ein entsprechendes »Prepping« auf Bundesebene nötig gewesen wäre, schaffte man es nicht, die nötigen Entscheidungen zu treffen.

Beispiel Bunker für die Bevölkerung: Die hätte es für den Kriegsfall unbedingt gebraucht. Nur war der Bau Bund und Ländern schlichtweg zu teuer. Überdies konnte man sich nicht entscheiden, ob ein normaler Schutzumfang ausreichen würde oder ob die Bunker auch gegen Nuklearwaffen gesichert sein müssten, was die Kosten um ein Vielfaches gesteigert hätte. Die Lösung war, nichts zu tun. Stattdessen forderte man die Bürger auf, ihr Eigenheim auf freiwilliger Basis und eigene Kosten mit einem Privat-Bunker auszustatten. Wenn die Bevölkerung, wie heute, bereits zum Einbau einer Wärmepumpe gezwungen werden muss, weil die Welt klimatechnisch untergeht, dürfte man mit der freundlichen Bitte, einen Bunker zu bauen, wohl erst recht nicht weiterkommen.

An der Bunker-Misere hat sich bis heute nichts geändert, im Gegenteil. Das, was vorhanden war – trotz allem wurden im Kalten Krieg knapp zweieinhalbtausend Zivilschutzanlagen gebaut; ein Tropfen auf den heißen Stein, aber immerhin –, wurde größtenteils vernachlässigt, umgenutzt oder zurückgebaut. 2007 haben Bund und Länder beschlossen, öffentliche Schutzräume nicht weiter zu erhalten. Nachdem der Kalte Krieg vorbei war, schien es nicht mehr realistisch, dass Bomben auf deutsche Städte fallen könnten.

Es ist verständlich, dass sich Politik und Regierung in Friedenszeiten auf andere Themen konzentrieren. Wärmepumpen statt Bunker, Feinstaubminimierung und Klimaneutralität statt Versorgungs- und Ernährungssicherheit im Kriegsfall. Die Sicherheit des eigenen Landes und seiner Bürger muss trotzdem immer Priorität haben. Wie sonst will man vorbereitet sein, wenn es darauf ankommt?

Deutschland hat diese Schutzaufgabe vernachlässigt und die Alarmsignale ignoriert. Der Überfall auf die Ukraine mag schnell geschehen sein, aber er kam nicht unerwartet. Dennoch war und ist unser Zivil- und Katastrophenschutz mangelhaft. Deutschland ist nicht autark, Kernkompetenzen und -produkte sind nicht vorhanden, sondern müssen importiert werden, etwa Medikamente und Lebensmittel. Von unserer Abhängigkeit von Öl und Gas ganz zu schweigen.

Der Krieg in der Ukraine hat gezeigt, wie teuer es werden kann, wenn sich lediglich ein paar Variablen des globalen Handels ändern. Sollten tatsächlich ganze Handelswege wegbrechen oder wir konkret in einem Krieg mit Ländern landen, aus denen wir Ressourcen, Waren und Güter beziehen, dann wird das katastrophale Konsequenzen haben.

Deutschland muss seine Absicherung und Abschreckung auf Vordermann bringen, auch wenn eine militärische Auseinandersetzung nie die erste und beste Lösung sein darf. Es braucht außerdem ernsthafte Sicherheitsstrategien für Friedens- *und* Kriegszeiten. Deutschland braucht mehr Unabhängigkeit, muss zumindest in Maßen autark sein. Wir müssen vorbereitet sein, auch auf den Ernstfall. Lieber ein Worst-Case-Szenario zu viel entwerfen als eines zu wenig. Darauf zu setzen, dass alles schon irgendwie gut gehen wird, genügt nie. Auch das Unangenehme und Unbequeme muss mitgedacht werden, erst recht, weil Krieg immer unvorhersehbar ist.

Siebte Maßnahme
Abnabeln, emanzipieren, selbst denken: Die USA dürfen nicht unser alleiniger Fixstern sein

Es gab Zeiten, da versammelte man sich zur Skigymnastik vor dem Fernsehgerät im Wohnzimmer. Man machte Aerobic mit Jane

Fonda, versuchte beim Schulsport nachzuahmen, was der Lehrer – oder ein begabter Mitschüler – vormachte, oder ließ sich in Zeiten der Corona-Pandemie von Leistungssportlern mit kleinen Übungen vom Sofa locken. Die einen machen vor, die anderen nach.

Dieses Vorturnen prägt unsere Beziehung zu den USA. Einst war es eine Verbindung, von der beide Seiten profitierten. Es war wie erwähnt im Interesse der BRD, dass im Kalten Krieg amerikanische Truppen und Waffen in Westdeutschland stationiert wurden. Ein Krieg mit der damaligen Sowjetunion, ausgetragen mitten in Deutschland, wurde dadurch unwahrscheinlicher. Die Amerikaner und die Russen hätten sich gegenseitig vernichtet – und das wollten weder die einen noch die anderen. Wären die Amerikaner hingegen nach Hause gegangen, wie es sich Teile der westdeutschen Bevölkerung wünschten (»Ami go home!«), hätten die Russen unbehelligt in die damalige Bundesrepublik als naheliegendste Bastion des Westens einfallen können.

Inzwischen hat sich die Allianz zwischen Deutschland und den USA gewandelt, die Freundschaft ist einseitiger geworden. Wir machen nach, was uns die Amerikaner vorturnen. Handeln, wie Washington es von uns erwartet. Ohne dass es zwangsläufig in unserem Interesse ist. Es kann uns im Gegenteil schaden. Etwa in Form von NATO-Einsätzen, die nur wenig mit der Bündnisverteidigung zu tun haben (immerhin der eigentliche Sinn und Zweck der NATO) und bei denen sich die NATO stattdessen vor den Karren der Amerikaner spannen lässt. Ähnlich schädlich wäre eine Ablösung von der chinesischen Wirtschaft, wie die Amerikaner sie fordern. Eine solche deutsche Abkopplung würde den USA nützen, aber Deutschlands Wohlstand massiv gefährden und uns in andere Abhängigkeiten treiben. Problematisch sind auch Stellvertreterkriege im Interesse der Amerikaner, die auf europäischem Boden – gefährlich nah an Deutschland, weit weg von den USA – ausgefochten werden. Der Krieg in der Ukraine ist ein solcher Stellvertreterkrieg.

Warum sollten sich die USA für ein kleines europäisches Land wie die Ukraine interessieren, das nicht einmal NATO-Mitglied ist? Das amerikanische Engagement für die Ukraine dient vor allem dazu, Russland als strategischen Rivalen der USA in die Schranken zu weisen.

Warum läuft die deutsche Politik hier einfach mit? Warum wird fraglos akzeptiert, dass in Europa ein Stellvertreterkrieg der USA geführt wird – der selbstverständlich auch andere Gründe hat –, der sich immer weiter europäisiert, aber immer weniger europäischen Interessen dient? Warum bringen wir nicht Verhandlungen und eine politische Lösung *im europäischen Sinne* auf den Weg, anstatt nach Washington zu schauen? Warum sorgen wir nicht endlich für unsere eigene Sicherheit, damit wir Entscheidungen der Amerikaner auch einmal kritisieren und hinterfragen dürfen, ohne Angst haben zu müssen, unseren transatlantischen Bodyguard zu verlieren?

Für die USA sind wir noch nie ein Partner auf Augenhöhe gewesen. Doch zumindest war unsere Beziehung zu den Amerikanern in der Vergangenheit grundsätzlich in unserem Interesse. Inzwischen bringt sie uns in Gefahr und setzt uns einem katastrophalen Risiko aus – und das mehr oder weniger hinter verschlossenen Türen und von der Öffentlichkeit zunächst weitestgehend unbeachtet: Die wenigsten Menschen in Deutschland dürften anfangs mitbekommen haben, dass die Amerikaner 2026 neue Mittelstreckenraketen in Deutschland stationieren wollen. Diese Raketen werden auf Russland gerichtet sein. So haben es die Bundesregierung und die US-Regierung am Rande des NATO-Gipfels am 10. Juli 2024 still und leise vereinbart.

Es geht um Raketen, Marschflugkörper und Überschallwaffen mit Reichweiten zwischen vierhundertsechzig und dreitausend Kilometern. Man will damit eine Befähigungslücke der NATO bei landgestützten Waffensystemen gegenüber vergleichbaren russischen Systemen, unter anderem die Iskander-Raketensysteme im Oblast Kaliningrad, schließen. Das ist zwar richtig, die Befähigungslücke der NATO ist da.[10] Für Deutschland ist diese Vereinbarung aber aus mehreren Gründen falsch, zumindest in ihrer derzeitigen Form.

Hauptgrund für die Stationierung ist es, den USA im Kriegsfall aus Deutschland heraus den Einsatz von Waffensystemen zu ermöglichen, die Russland erstens aus einem anderen Land als dem amerikanischen Kernland erreichen und dies zweitens in kürzester Zeit tun. Durch die Vorwärtsstationierung in Deutschland wären die USA zum Beispiel in der Lage, russische Armeebasen und sonstige Ziele in der Tiefe des Landes im Handumdrehen zu vernichten. Russische Vergeltungsraketen würden nach Deutschland geschickt, das hier stellvertretend für die USA getroffen würde. Rein theoretisch könnte Moskau auch die USA selbst ins Visier nehmen, statt Deutschland zu »strafen«, allerdings würde das die Situation massiv eskalieren lassen – und das würde Russland nicht dienen.

Darüber hinaus wird es durch die Stationierung zu weiterer Aufrüstung kommen: Wenn solche Waffensysteme aus dem geografisch nähergelegenen Deutschland auf Russland gerichtet werden, müssen die Russen reagieren. Sie werden weitere Mittelstreckensysteme im Westen Russlands beziehungsweise in Belarus stationieren und diese gegen Deutschland richten. Damit beginnt zwangsläufig eine Aufrüstungsspirale mit Deutschland im Zentrum, die nicht in unserem Interesse sein kann. Wahrscheinlich würde Russland sogar so weit gehen, nuklear nachzurüsten und seinen Zielplan anzupassen, sprich: Deutschland zumindest theoretisch auch nuklear ins Visier zu nehmen.

Dass die USA ihre Waffen in Deutschland aufstellen wollen, ist nachvollziehbar. Schließlich reagiert man auf eine gleichwertige russische Bedrohung, nämlich auf die erwähnten Raketensysteme im Raum Kaliningrad. Die Russen haben angefangen, jetzt ziehen die Amerikaner eben nach. Dadurch wird die militärische Abschreckungskraft des NATO-Bündnisses gesteigert, auch das ist im gemeinsamen Sinne. Da Deutschland im Kriegsfall jedoch das Aufmarschgebiet und die logistische Plattform der NATO ist, wird unser Land zur Zielscheibe der russischen Raketen. Die (mangels Bundes-Prepping) schutzlose deutsche Bevölkerung wird einem hohen Risiko ausgesetzt – ohne dass sie gefragt worden wäre. Im Kriegsfall trifft dieses Risiko zudem allein unser Land und wird nicht von anderen Bündnispartnern geteilt: Russland schießt auf Deutschland, nicht in die USA, nicht nach Frankreich, Belgien, Dänemark oder andere Länder.

Beim NATO-Nachrüstungsbeschluss 1979 war das noch anders: Damals waren weitere NATO-Mitglieder bereit, US-Raketensysteme auf ihrem Territorium zu stationieren. Das Risiko wurde mit anderen Bündnispartnern geteilt und darüber hinaus mit Abrüstungsmaßnahmen verbunden. Gerade Westdeutschland legte damals sehr viel Wert darauf, sich nicht, so wie heute, sicherheitspolitisch singularisieren zu lassen. Der damalige Bundeskanzler Helmut Schmidt knüpfte sein politisches Überleben an diese bündnispolitisch wichtige und mit Blick auf die deutsche Interessenlage existenzielle Frage. Zudem gab es eine breite innenpolitische sowie eine bündnisinterne Diskussion. Eine damals relativ neue Partei, die Grünen, profilierte sich in dieser Debatte und führte den öffentlichen Widerstand gegen eine einseitige Stationierung in Deutschland an. Es kam am Ende zwar zur Stationierung, aber im Verbund mit Diplomatie, Dialog und deeskalierenden Abrüstungs- und Rüstungskontrollmaßnahmen.

Heute sieht es ganz anders aus, die Stationierungsvereinbarung ist aus deutscher und europäischer Sicht nicht akzeptabel. Erstens handelt es sich um eine Vereinbarung, die lediglich bilateral zwischen den USA und der Bundesrepublik getroffen wurde. Warum nicht gemeinsam im NATO-Bündnis, wenn damit doch eine

Befähigungslücke der NATO geschlossen werden soll? Im Bündnis wurde das Vorhaben noch nicht einmal näher diskutiert.

Zweitens herrscht in der NATO das Prinzip der Lasten- und Risikoteilung, wie es zum Beispiel 1979 umgesetzt wurde. Im Gegensatz dazu sollen die Waffensysteme 2026 ausschließlich in Deutschland stationiert werden; wir gehen das Risiko also alleine ein. Deutschland exponiert und singularisiert sich dadurch dramatisch, mit weitreichenden Folgen für unsere Sicherheit und unseren politischen Handlungsspielraum. Die deutsche Dialogbereitschaft, die wir unbedingt aufbauen müssen, wenn wir zum Beispiel im Ukraine-Krieg Verhandlungen anstoßen wollen, würde sofort an Glaubwürdigkeit verlieren. Wir stehen schließlich mit gezückter amerikanischer Waffe da.

Drittens unterliegt die Stationierung der US-Waffen in Deutschland im Kriegsfall nicht einer souveränen, nationalen Entscheidungsmacht. Zumindest ist das in der Vereinbarung nicht geregelt. Soll heißen: Deutschland hat voraussichtlich nichts zu sagen. Es werden wohl die Amerikaner sein, die bestimmen, was wann wohin abgefeuert wird.

Viertens müsste ein solch schwerwiegender Beschluss, fremde Waffen in Deutschland zu stationieren, öffentlich diskutiert werden. Politik und Parlament müssten sich damit befassen. Das ist bislang nicht geschehen. Ja, die Vereinbarung *hat* sicherheitsfördernde Seiten. Aber sie gefährdet Deutschland gleichzeitig und bringt uns buchstäblich in die Schusslinie. Gerade mit Blick auf die Hyperschallwaffen wäre die Stationierung eine Überraschungsoption gegenüber Russland – die im Kriegsfall allerdings auch zu unkontrollierbaren Fehlperzeptionen und Gegenaktionen führen könnte, die ausschließlich Deutschland betreffen würden.[11]

Fühlen wir uns den USA verpflichtet, dass wir uns auf eine solche Vereinbarung einlassen? Ohne Dialog und ohne gleichzeitige Abrüstungsangebote und -maßnahmen gegenüber Russland ist sie nicht im deutschen Interesse. Es muss legitim sein, dieses Risiko, das wir hier eingehen sollen, zu hinterfragen oder zumindest auf amerikanische Garantien zu bestehen. Die Bundesregierung muss anstoßen, mit Russland über die Stationierung sicherheitsfördernd für Deutschland in Austausch zu treten. Sollten wir gemeinsam mit den Amerikanern zum Beispiel abrüstungstechnisch mit Russland einig werden, muss die Vereinbarung mit den USA gegebenenfalls vorsehen, ganz auf die Stationierung zu verzichten. Nicht zuletzt muss die deutsche Regierung mit der amerikanischen Führung über eine Erneuerung oder ein Nachfolgeabkommen des INF-Vertrags (Intermediate Range Nuclear Forces) sprechen. Der Vertrag von 1987 zwischen Washington und Moskau gilt als Meilenstein der Abrüstung, markierte einen Wendepunkt im Kalten Krieg, war über Jahrzehnte ein wichtiger Baustein europäischer Sicherheit und war im vitalen deutschen Interesse. Seit 2019 ist er Geschichte, als die USA ihn kündigten, nachdem man sich gegenseitig eine Reihe von Vertragsverletzungen vorgeworfen hatte. Ein Nachfolger ist aus europäischer und, angesichts der geplanten Stationierung, erst recht aus deutscher Sicht unverzichtbar. Abschreckung ist wichtig, aber ohne, dass selbige zur Eskalationsgefahr wird.

Es waren übrigens der damalige US-Präsident Ronald Reagan und der sowjetische Staatschef Michail Gorbatschow, die den INF-Vertrag unterzeichneten. Die Moral, die wir Deutschen hochhalten und durch die wir uns eine lösungsorientierte Außen- und Sicherheitspolitik unmöglich machen, hat die Amerikaner damals nicht gehindert. Obwohl Reagan die Sowjetunion lange als »Reich des Bösen« einschätzte, unterschrieb er den Vertrag und beendete später zusammen mit Gorbatschow den Kalten Krieg. Erst diese gemeinsame politische Lösung der beiden Erzfeinde ermöglichte auch die deutsche Wiedervereinigung.

Um darauf zurückzukommen, dass wir das Risiko, das wir mit der Stationierung von US-Waffen in Deutschland eingehen, hinterfragen müssen: Die deutsche Politik ist prinzipiell nicht gut darin, die Amerikaner und ihre Vormachtstellung zu hinterfragen. Schließlich ist es bequem und hat viele Jahrzehnte funktioniert, unsere Sicherheit aus den USA zu importieren. Warum sollte man dieses Arrangement aufgeben? Aus einem einfachen Grund: Weil es uns unsere Entscheidungs- und Gestaltungsmacht nimmt und paradoxerweise trotzdem zu Lasten unserer Sicherheit geht, wie die geplante Stationierung zeigt.

Die Lösung kann nur sein, sich von den USA abzunabeln. Die deutsche Politik braucht weniger Untertanenmentalität, mehr Eigenständigkeit. Das heißt nicht, dass wir die Amerikaner vor den Kopf stoßen müssen. Es wäre Deutschland lediglich mehr damit gedient – und den Amerikanern im Endeffekt auch –, wenn wir uns als echter Partner anbieten könnten. Der Weg dahin ist nicht einfach, aber zu bewältigen. In einer multipolaren Welt, in der es vielfältige neue Akteure gibt, müssen wir diesen Weg gehen. Es darf nicht sein, dass uns die Beziehung zu den einen (den USA) eine Beziehung zu den anderen (China, Russland, Globaler Süden) unmöglich macht.

Achte Maßnahme
Gesellschaftliche Verantwortung übernehmen: Wenn Dämonen uns hindern, klar zu sehen

Seit Russland die Ukraine überfallen hat, stolpert man immer wieder über einen Namen: Wladolf Putler. Natürlich bezieht sich das auf den russischen Präsidenten Wladimir Putin, versehen mit einer Prise Adolf Hitler. An der neuen Namensgebung lässt sich unschwer ablesen, wer gemeint ist, aber auch wie man ihn charakterlich einschätzt, zumindest aus ukrainischer und westlicher Perspektive. Auf russischer Seite bedient man sich einer ähnlichen Konnotation: Russland kämpft, so Putins Propaganda, um die Ukraine zu entnazifizieren und sich gegen die Faschisten im Westen zu verteidigen.

Referenzen zu den Nationalsozialisten des Dritten Reichs herzustellen, ist eine beliebte, aber beileibe nicht die einzige Methode, um den Feind zu entmenschlichen und zu dämonisieren. Schließlich gelten die Nazis als das Böse schlechthin.

Der preußische General, Militärwissenschaftler und Heeresreformer Carl von Clausewitz (1780–1831) hat sich ausgiebig damit befasst, wie wichtig es im Krieg ist, das Volk emotional zu beeinflussen. Je schlimmer der Feind anmutet – zum Beispiel als blutrünstiges Monster oder dämonischer Nazi – und je katastrophaler die Folgen für Land und Leben scheinen, umso eher sind die Bürger gewillt, sich hinter (Kriegs)Entscheidungen ihrer Regierung zu stellen. »Putler« motiviert, Putin und seine Schergen zu hassen und zu besiegen.

Ist Ihnen der Begriff »Schergen« unangenehm aufgefallen? Das ist beabsichtigt. Schließlich sind russische Soldaten gemeint, die keine Monster, sondern Menschen sind. Auch wenn Deutschland in diesem Krieg zu Recht auf der Seite der Ukraine steht, sterben und leiden auch auf russischer Seite menschliche Individuen, keine »seelenlosen Marionetten des Bösen«[12].

Lesen Sie bei Gelegenheit die diesbezüglich einschlägigen Stellen in Clausewitz' Hauptwerk *Vom Kriege* mit seinen eintausend Seiten oder, wenn es kürzer sein soll, Nathalie Weidenfelds Gastbeitrag *Implizites Sterben* in der *Süddeutschen Zeitung*. Am Beispiel des Krieges in der Ukraine zeigt Weidenfeld, wie sich die mediale Berichterstattung »einer unangemessenen Sprache bedient, um Krieg zu beschreiben.« Worte können entmenschlichen, dämonisieren und glorifizieren, Sprache kann die Grausamkeit des Krieges kaschieren.

In vielen deutschen Medien wird seit dem russischen Angriff selten ausgewogen berichtet. Man hat den Eindruck, dass die besonders lauten Töne in diesen Medien nicht immer ihrer Verpflichtung zu Ausgewogenheit und Meinungspluralität entsprechen. Die Berichterstattung ist bisweilen einseitig und zu stark von moralischer Empörung geprägt, unbequeme und unerwünschte Fakten werden oft ignoriert. Eine solche mediale Kriegsrhetorik ist erschreckend und, wenn man Clausewitz folgt, ein typisches Vorgehen, um die Bürger in Kriegszeiten hinter sich zu einen und bei der Stange zu halten.[13] Doch warum machen sich etliche Leitmedien und namhafte TV-Formate oft zum Treiber und Sprachrohr von Regierungspolitik, häufig im Gegensatz zu Medien im befreundeten Ausland, wie zum Beispiel in den USA? Warum reden sie der Politik nach dem Mund, was den Krieg in der Ukraine angeht?[14] Eine Politik übrigens, die nicht mehr der mehrheitlichen Meinung der Bevölkerung entspricht. Sollten sich diese Medien nicht eher als sachgerechte Berichterstatter und kritische Begleiter der Regierenden für die Menschen in unserem Land auszeichnen? Wenn sie es nicht tun, hören die Menschen auf, den Medien zu trauen. Sie wandern zu alternativen und sozialen Medien ab, wo sie zum Teil tatsächlich ausgewogener, differenzierter und objektiver informiert werden. Wo sie allerdings auch Gefahr laufen, in die Arme politischer »Rattenfänger« getrieben zu werden. Wenn man es nur immer wieder liest und hört, fängt man irgendwann an, den größten Unsinn zu glauben. Man verlernt zu hinterfragen und kritisch zu denken.

Dass in Deutschland in dieser Sache des Öfteren eine große Kluft zwischen der veröffentlichten Meinung und der öffentlichen Meinung herrscht, macht es nur schlimmer. Weder die erwähnten Medien noch Politik bilden in der Breite ab, was die Menschen meinen und was sie tatsächlich bewegt. Das öffnet dem linken und rechten Extremismus Tür und Tor. Die Gefahr ist hausgemacht, aber sie lässt sich auch auf der Heimbahn wieder stoppen: Deutsche Medien müssen verantwortungsvoll mit ihrem Einfluss umgehen; sie sollten weder Meinungsmacher noch Fürsprecher sein, weder verherrlichen noch dämonisieren, sondern objektiv und kritisch informieren und dabei Meinungsvielfalt ermöglichen. Im Deutschland des einundzwanzigsten Jahrhunderts sollte das eine Selbstverständlichkeit sein.

Auch die Politik ist gefordert. Haben unsere Politiker nicht mitbekommen, dass Waffenlieferungen, eine Unterstützung der Ukraine um jeden Preis und eine Kriegsrhetorik, die die Gewaltspirale weiter anheizt, nicht mehr das sind, was die Bevölkerung will? Weil eben kein Ende, keine Lösung und keine politische Strategie absehbar sind? Die Bundesregierung muss ihren politischen Kurs regelmäßig prüfen und darf nicht einfach weitermachen »as long as it takes«. Regierungsvertreter sind Repräsentanten der deutschen Bevölkerung, keine unabhängigen Herrscher. Auch das sollte selbstverständlich sein.

Du kannst das, Deutschland

Wie wir stark werden: Eine Lösung für unser Land

»Wenn du Frieden willst,
redest du nicht mit deinen Freunden.
Du redest mit deinen Feinden.«
Moshe Dajan

Deutschland und Europa sind auf dem besten Weg, Stabilität, Wohlstand und Frieden zu verlieren. Geopolitisch und ökonomisch befinden wir uns – auch bedingt durch unsere uns selbst beschädigende Sanktionspolitik gegenüber Russland und den US-Handelskrieg gegen China – in einer prekären Lage. Das lässt sich nicht mehr übersehen. Unser Wirtschaftswachstum stagniert im Vergleich zu den USA und China. Auch, weil die USA vor allem durch ihren »Inflation Reduction Act« – ein milliardenschweres Investitionspaket, um die amerikanische Industrie klima- und zukunftsfest zu machen – deutsche und europäische Unternehmen regelrecht absaugen. China überschwemmt den europäischen Markt derweil mit hochsubventionierten Produkten. Wir verlieren die langjährige, stabile Energiepartnerschaft mit Russland. Die von den USA geforderte Abkopplung unserer Wirtschaft von China gefährdet unsere Prosperität. »Nebenbei« sind wir gezwungen, Milliarden in die Aufrüstung der Bundeswehr zu investieren, die uns trotzdem in den nächsten Jahren erst einmal keine nennenswerte Sicherheit bieten kann. Zu desolat ist ihr Zustand, zu lange haben wir die Einsatzbereitschaft unserer Streitkräfte schleifen lassen, zu mangelhaft ist ihre materielle und personelle Ausstattung. So etwas lässt sich nicht »mal eben« auf Vordermann bringen. Gleichzeitig laufen wir Gefahr, in einen langjährigen Krieg auf europäischem Boden zu geraten, wenn wir und andere Nationen dem nicht entgegensteuern. Durch die weitgehend offene Südflanke Europas steigt derweil das Risiko illegaler Einwanderung.

So sehen unsere drängendsten Probleme aus.

Deutschlands Bindungsproblem

Die Politik, die Deutschland derzeit betreibt, wird diese Probleme nicht lösen. Dafür müssten wir bereit sein, ebendiese Politik zu hinterfragen. Im Kern geht es dabei um unser Verhältnis zu den USA – es bestimmt alles. Es bestimmt, wie unsere Beziehung zu Russland und China aussieht (stetig schlechter, obwohl wir eigentlich auf stabile Beziehungen angewiesen wären). Es bestimmt, wie viel wir selbst für unsere Sicherheit tun (wenig, denn wir verlassen uns auf die USA und die NATO). Es entscheidet darüber, ob wir in der Welt etwas zu sagen haben (kaum, weil wir uns dafür von den USA emanzipieren müssten und das hieße auch, für unsere eigene Sicherheit zu sorgen). Es lässt uns vergessen, dass unsere nationalen Interessen nicht denen der USA entsprechen. Es lässt uns übersehen, dass die Amerikaner ihre Vormachtstellung nicht werden halten können, weil sich inzwischen mehr globale Akteure um denselben, unverändert kleinen machtpolitischen Kuchen streiten, weil Loyalitäten schwinden, weil die westlichen Werte nicht mehr die alleinige, unfehlbare Wahrheit sind, weil die USA von der größten Exportmacht der Welt zum größten Importeur und größten Kreditnehmer abgestiegen sind, weil sie außenpolitische Fehler gemacht haben, weil andere Akteure keine Vasallen, sondern Partner sein wollen. Unser Verhältnis zu den USA lässt uns außerdem vergessen, dass wir Frieden und Freiheit nicht sichern, indem wir versuchen, Freund und Feind mit vermeintlich überlegener Moral in die Schranken weisen. Unser Verhältnis zu den USA kann sogar mit darüber entscheiden, ob wir in einen Krieg hineingezogen werden oder nicht. Das kann der Ukraine-Krieg oder ein anderer, potenzieller Stellvertreterkrieg der Amerikaner sein. Möglichkeiten gibt es leider viele.

Ein einfaches Bekenntnis zu den USA – wie es Kanzlerkandidat Friedrich Merz jüngst noch als oberstes Ziel deutscher Außenpolitik formulierte[15] – reicht so nicht mehr aus.

Carl Schmitt, einer der wichtigsten, wenn auch ein nicht unumstrittener deutscher Staats- und Völkerrechtler des 20. Jahrhunderts, hat es so formuliert: »Solange ein Volk in der Sphäre des Politischen existiert, muss es, wenn auch nur für den extremsten Fall – über dessen Vorliegen es aber selbst entscheidet –, die Unterscheidung von Freund und Feind selber bestimmen. Darin liegt das Wesen seiner politischen Existenz. [...] Lässt es sich von einem Fremden vorschreiben, wer sein Feind ist und gegen wen es kämpfen darf oder nicht, so ist es kein politisch freies Volk mehr und einem anderen politischen System ein- oder untergeordnet.«[16]

Trennung nach fünfundsiebzig Jahren?

Fünfundsiebzig Jahre lang war die von Konrad Adenauer begründete Westbindung, also die enge transatlantische Partnerschaft mit den USA sowie die NATO, Garant unserer Sicherheit. Wir müssen uns eingestehen, dass dem nicht mehr so ist. Wir müssen erkennen, dass erstens die USA nicht unser, sondern ihr Bestes wollen – was im Übrigen völlig legitim ist. Und zweitens, dass die NATO nicht (mehr) das Verteidigungsbündnis ist, das den Westen jahrzehntelang zusammengeschweißt hat. Tatsächlich war und ist die NATO vor allem der strategische Brückenkopf der USA im Westen Eurasiens. Ja, sie hat Deutschland und Europa geschützt, vor allem im Kalten Krieg. Doch inzwischen stellt sie primär die globale Vormachtstellung der USA in und über Europa sicher. Ist uns das wirklich entgangen?

Das einst defensive Bündnis zum Schutz unserer Freiheit ist nach Ende des Kalten Krieges immer mehr zum Transmissionsriemen der Amerikaner geworden: Die von einem Motor erzeugte Kraft (die amerikanische Politik und Armee) wird mit Hilfe des Transmissionsriemens (die NATO und damit auch Deutschland) auf die Maschine (die Länder und Orte auf der Welt, an denen die USA etwas in ihrem Sinne erreichen wollen) übertragen. Die weltweiten Militäreinsätze und militärischen Engagements der NATO in der jüngeren Vergangenheit sprechen für sich. Sie haben wenig mit der Bündnisverteidigung zu tun und mehr mit den Interessen der USA, etwa in Serbien (1999), Afghanistan (2001), im Irak (2003), in Syrien und Libyen (beide ab 2011) und jetzt im Ukraine-Krieg. Die USA und wir, ihre Verbündeten, haben in diesen Kriegen regelrechte Desaster hinterlassen, von den Flüchtlingsbewegungen, die Europa destabilisieren, ganz abgesehen. Das kann nicht in unserem Interesse sein, weil es unsere Sicherheit nicht stärkt, sondern beschädigt.

Dass die USA scheinbar leichtfertiger mit dem Kriegführen umgehen als wir, mag auch daran liegen, dass sie durchaus positive und damit fundamental andere, gegensätzliche Erfahrungen gesammelt haben als die Europäer. Die Kriege, die die Amerikaner geführt haben, haben die USA zur Nummer Eins in der Welt gemacht und sie dabei relativ wenig gekostet. Mit Ausnahme des Sezessionskrieges haben diese Kriege nicht einmal im eigenen Lande stattgefunden.

Zum Beispiel haben die USA nur wenige Nationalkriege geführt: unter anderem zweimal gegen Großbritannien, einmal gegen Spanien sowie zwei Weltkriege in der ersten Hälfte des zwanzigsten Jahrhunderts gegen Deutschland, wobei allein der Zweite Weltkrieg sechzig Millionen Toten forderte – und weitaus weniger auf Seiten der USA. In diesen Kriegen wurden die USA nicht zerstört oder verwüstet, die Verluste unter der Zivilbevölkerung waren minimal und in den beiden Weltkriegen hatten die Amerikaner zusammengenommen lediglich rund fünfhunderttausend gefallene Soldaten zu beklagen. Es mag zynisch klingen, aber im Verhältnis zu den Opfern auf Seiten der anderen beteiligten Kriegsparteien ist das »nichts«. Mit geringem Einsatz haben die USA die Weltherrschaft erkämpft. Die Millionen Kriegstoten, die völlige Zerstörung und das unendliche Leid, das Europa erlebt hat, blieben den USA erspart. Es war ein perfekter »Deal« für die USA, ein einzigartiges Kosten-Nutzen-Verhältnis. Dazu trug und trägt natürlich ihre geografische Lage bei: geschützt von zwei großen Ozeanen und mit nur zwei unmittelbaren, überdies friedlichen Nachbarn. Davon können Europa und insbesondere Deutschland nur träumen.[17]

Auch der Ukraine-Krieg, der wie erwähnt auch ein Stellvertreterkrieg zwischen den USA und Russland ist, spielt sich weit weg von den amerikanischen Grenzen ab. Das Risiko, dass er zu einem großen europäischen Krieg, gar zu einem Nuklearkrieg auf europäischen Boden eskaliert, gefährdet die USA nicht unmittelbar. Aus amerikanischer Sicht erscheint der Ukraine-Krieg vielmehr eine Möglichkeit, den Kontrahenten Russland massiv zu schädigen und die Europäer gleichzeitig stärker an die sicherheitspolitische Kandare der amerikanischen machtpolitischen Ziele zu nehmen: Die wirklichen wichtigen Entscheidungen zum westlichen Umgang mit dem Ukraine-Krieg werden in Washington getroffen. Gleichzeitig haben die Amerikaner den Europäern, allen voran den Deutschen, immer mehr Verantwortung übertragen. Das hat zu einer weitgehenden Europäisierung des Ukraine-Krieges geführt: Sollte er über die Grenzen in die Mitte Europas schwappen, sind wir unmittelbar und existenziell betroffen – nicht aber die USA.

Der Geostratege und Sicherheitsexperte George Friedman hat das zentrale strategische Interesse der USA gegenüber Europa einmal auf den Punkt gebracht: »The primordial interest of the United States […] has been the relationship between Germany and Russia, because united, they are the only force that could threaten us, and to make sure that that doesn't happen.«[18] Für die nationalen Interessen der Russen sei eine prowestlich orientierte Ukraine eine existenzielle Bedrohung. Für die USA sei die Ukraine hingegen Mittel zum Zweck, nämlich Russland und Deutschland voneinander getrennt zu halten. Friedman hat das nicht jüngst gesagt, sondern bereits 2015. Was wiederum heißt: Die deutsche Politik hat es bereits seit langem verpasst, sich sicherheitspolitisch zu positionieren. Sie hat den Status akzeptiert, den die USA ihr zugewiesen hat, und sich nicht bewegt – weder in die eine noch in die andere Richtung.

Das war einmal anders: Deutschland hat einst gute Beziehungen zu den USA und zugleich ein nachbarschaftliches Verhältnis zu Russland gepflegt – ein Verdienst von Gerhard Schröder und Angela Merkel. Die Zeit dieser Entspannungspolitik ist vorbei, seit Russland die Ukraine überfallen hat, wenn auch, wie erwähnt, der Westen einen Anteil daran hat, dass es so weit kommen konnte.

Von der einstigen deutschen Politik, der es gelang, die Gegensätze zwischen West und Ost auszutarieren, ist nichts mehr übrig. Statt von handfesten Fakten und nationalen Interessen lässt sich die deutsche Außen- und Sicherheitspolitik derzeit ausschließlich von Moral leiten (»Wir liefern Waffen, weil die Russen Monster und die Ukrainer Helden sind«) und trottet ansonsten brav den US-Amerikanern hinterher, um unsere Bündnistreue unter Beweis zu stellen.

In der neuen geopolitischen Konstellation sind die ehemals sowjetischen Staaten und osteuropäischen NATO-Mitglieder – und eben auch die Ukraine – für die USA wichtig. Erstens als Bollwerk gegen Russland. Zweitens als Sicherheitsabstand zwischen Russland und Deutschland, wie Friedman festgestellt hat. Und drittens für die neue NATO-Vorneverteidigung. Oder besser: Sie sind wichtig*er*. Wichtiger als Deutschland, das seine ehemals starke, zentrale Stellung in Europa, auch aufgrund seiner guten Beziehungen zu Russland, definitiv verloren hat, zumindest aus Sicht der Amerikaner. Deren Perspektive prägt die Sicht der NATO und folglich die ihrer Mitglieder – und das sind vor allem Deutschlands EU-Nachbarn. Es ist nicht hilfreich, dass wir diese Sicht auf Deutschland widerspruchslos hingenommen haben.

Diese von den USA nolens volens mitgeförderte politische Fragmentierung Europas führt praktisch zur Spaltung Europas. Dass Deutschland sicherheitspolitisch kaum noch Bedeutung hat, zeigt auch die Drei-Meere-Initiative, die die mitteleuropäische Zusammenarbeit in Politik, Sicherheit, Wirtschaft, Infrastruktur und Energiepolitik stärken soll. Sie besteht aus dreizehn mittel- und ostmitteleuropäischen EU-Staaten und wird von den USA gefördert. Deutschland hat kein Stimmrecht und ist auch hier außen vor. Die Ukraine ist hingegen seit Mitte 2022 »Participating Partner« und Moldawien seit 2023 »Associate Partner«.

All das zeigt: Deutschland ist nicht mehr Subjekt, sondern es ist zum Objekt von Sicherheitspolitik geworden, zum Aufmarschgebiet und zur logistischen Drehscheibe der NATO – mit allen eingangs geschilderten Risiken. An unserer geografischen Lage können wir natürlich nichts ändern; aber sehr wohl daran, wie wir auftreten, wie man uns wahrnimmt, ob man uns ernst nimmt und wieviel man uns zutraut.

Im Grunde treiben die Amerikaner die Ablösung Deutschlands von Washington (eine Ablösung, die im Prinzip in unserem Sinne ist) voran, indem sie uns – allzu offensichtlich – als Partner abwerten. Zugegebenermaßen tut Deutschland schon länger wenig bis nichts dafür, als attraktiver Verbündeter wahrgenommen zu werden, der womöglich sogar etwas in die Partnerschaft einbringen kann. Warum sollten sich die USA gegen einen 51. Bundesstaat wehren, der sich willig einfügt? Die Abwertung durch die Amerikaner entspricht deren nationaler Interessenlage und hat nichts damit zu tun, dass sie uns verprellen wollen oder uns die Freundschaft aufkündigen. Staaten sind keine Freunde, sondern sich selbst die Nächsten – etwas, was die derzeitige deutsche Politik nicht realisiert zu haben scheint. Zwischenstaatliche Freundschaft endet bei den eigenen Interessen. Vielleicht können wir die damit verbundene Ablösung als Chance für uns nutzen – es sind schließlich wir, die wir uns an die USA binden, nicht die Amerikaner, die uns an sich fesseln.

Sei mutig, Deutschland!

Deutschland hat (wie die Europäische Union, in der Deutschland eine aktivere Rolle übernehmen sollte) drei strategische Optionen. Es kann erstens weiter die Vasallenrolle spielen und den USA »unter ferner liefen« verbunden bleiben. Ohne eigene geopolitische Strategie, ohne Macht, ohne nationale Ambitionen, dafür mit importierter amerikanischer Sicherheit, die allerdings nicht ohne Risiko für uns ist. Es kann sich zweitens von den USA lossagen. Dadurch laufen wir allerdings Gefahr, Eurasien Russland und China zu überlassen. Wir würden zu einem unbedeutenden Appendix degenerieren und im Prinzip unter russisch-chinesischer Herrschaft leben. Die dritte Option – und nur sie kann unser Ziel sein – ist es, unser sicherheitspolitisches Schicksal in die eigenen Hände zu nehmen. Wir müssen für Deutschland mehr strategische Autonomie zwischen den USA, Russland und China anstreben. Voraussetzung dafür wäre, eine eigene deutsche und europäische Sicherheit, im Verbund mit den EU-Staaten, aufzubauen.

Eine solche Autonomie müsste bedeuten: Wir gehen die strategische Abkopplung und Entflechtung von China, die die Amerikaner von uns erwarten, nicht mit. China könnte für Deutschland und die Europäischen Union eine Möglichkeit sein, sich aus der gegenwärtigen Sandwichposition zwischen den Erzfeinden USA und Russland zu befreien. Es bräuchte eine ausgleichende Politik gegenüber Peking, ohne sich von China vereinnahmen zu lassen – ein sicherlich nicht einfacher, aber erfolgversprechender Balanceakt. Eine stabile, lösungsorientierte und nicht feindliche (von »freundschaftlich« zu sprechen, wäre sicher zu viel des Guten) Beziehung zu Peking könnte möglicherweise auch helfen, den Ukraine-Krieg zu beenden. Immerhin hat Peking nicht nur einen guten Draht zu Moskau, sondern auch die notwendige politische und wirtschaftliche Macht, um Druck auf Putin auszuüben.

Das müsste außerdem bedeuten: Deutschland und Europa tragen die diversen, sehr wahrscheinlich anstehenden Stellvertreterkriege der USA nicht mehr mit. Es ist nämlich nicht unwahrscheinlich, dass weitere folgen: im Bereich der NATO-Peripherie um Moldawien, Georgien und Serbien mit Russland; im Nahen Osten gegen den mit Russland und China verbündeten Iran und seine Hilfstruppen; in der Arktis, im Indopazifik, im Südchinesischen Meer und um Taiwan sowie in Afrika und Lateinamerika gegen China. Nicht zu vergessen im Welt- und Cyberraum. Die politischen und militärischen Vorbereitungen laufen bereits. Jeder dieser potenziellen Kriege bringt hohes Eskalationspotenzial mit sich.

Noch vor ein paar Jahren wurde Deutschlands Freiheit angeblich am Hindukusch verteidigt, dann im westafrikanischen Mali. Heute sollen es der Dnipro, die Straße von Taiwan oder die Grenze zwischen Süd- und Nordkorea sein. Die Protagonisten dieses extensiven Freiheitsverständnisses, das ganz im Sinne des amerikanischen »exceptionalism«[19] und seines weltweiten Dominanzstrebens ist, vergessen dabei so einiges. Nämlich, dass die Bundeswehr von der deutschen Verfassung einen ganz klaren Auftrag hat, und das ist die *Verteidigung* Deutschlands, also die Landes- und Bündnisverteidigung. Gleiches gilt für die NATO: Auch sie hat einen rein defensiven Auftrag, ähnlich der Bundeswehr.

Es wird auch vergessen, dass die Präambel unseres Grundgesetzes uns dazu verpflichtet, »in einem vereinten Europa dem Frieden der Welt zu dienen«, und dass die Charta der Vereinten Nationen uns eindeutig auffordert, die Welt von der Geißel des Krieges zu befreien und internationale Konflikte »durch friedliche Mittel« beizulegen. Die mehr als dutzenden militärischen Interventionen und Kriege nach 1945 sind keine »friedlichen Mittel« und waren oft nicht völkerrechtskonform. Ohne Frage ist auch der russische Überfall auf die Ukraine im Februar 2022 nicht völkerrechtskonform gewesen; dass in der Folge Angst und ein Aufschrei durch Europa gingen, verbunden mit dem Drang, militärisch oder zumindest mit Waffenlieferungen einzugreifen, ist nachvollziehbar. Ich erinnere jedoch noch einmal an die (dunkel)rote Linie Russlands und daran, dass der Westen nicht unschuldig an der Entwicklung ist, die zu diesem Überfall geführt hat.

Statt diese Stellvertreterkriege mitzutragen, muss Deutschland seinen weltweiten Einfluss nutzen, aus dieser destruktiven Spirale tatsächlicher und potenzieller Kriege – und aus unserer selbstverschuldeten Sandwichposition – herauszukommen. Und zwar nicht bloß wegen einer vermeintlichen moralischen Verpflichtung, sondern schlicht und einfach, weil eine solche Eskalation nicht unserer nationalen Interessenlage entspricht.[20] Für Deutschland muss das Ziel sein: eine schnellstmögliche Beendigung des Ukraine-Krieges und das Wiederherstellen normaler politischer und wirtschaftlicher Verhältnisse zu Russland und China – so schwer sich diese Aufgabe aus heutiger Sicht auch gestaltet, nicht zuletzt auch wegen unseres Verhältnisses zu den USA.

Mit Blick auf die kritische Weltlage und die laufende Neuordnung der Welt brauchen wir insgesamt weniger Kriegsrhetorik, weniger Eskalation, weniger Dämonisierung und weniger Kriminalisierung von »Feinden« unserer westlichen Lebensform. Wir brauchen die Bereitschaft zuzuhören und uns in andere Perspektiven hineinzuversetzen, um die unterschiedlichen Sicherheitsbedürfnisse anderer Akteure auf der Weltbühne zu verstehen und *in unserem Sinne* damit umzugehen. Wir brauchen mehr respektvollen Umgang und Diplomatie, Interessenausgleich und Dialog.[21] Berechtigte rote Linien und strategische »facts and figures« sicherheitspolitischer Akteure muss man ernst nehmen und diesbezügliche Konflikte frühzeitig, vernünftig und kompromissbereit lösen – so wie es John F. Kennedy und Nikita Chruschtschow in der Kubakrise 1962 vorbildlich und verantwortungsvoll für den Weltfrieden getan haben.[22]

Unser sicherheitspolitisches Agieren vor und während des Ukraine-Krieges und auch mit Blick auf den Konflikt um Taiwan mit China ist weit entfernt von Realismus und Vernunft. Im Sinne der bewährten Harmel-Doktrin der NATO müssen wir wieder militärische Abschreckung und Stärke mit Dialog und Interessenausgleich verbinden. Als die NATO noch nicht vornehmlich als Transmissionsriemen im Einsatz war, hat sie sich in kritischen Lagen durch umsichtiges Agieren bewährt. Die brutale Niederschlagung des ungarischen Aufstandes durch die sowjetische Fremdherrschaft 1956 oder den Einmarsch von rund fünfhunderttausend Soldaten des Warschauer Paktes zur Beendigung des »Prager Frühlings« 1968 hat die NATO nicht einfach mit Waffenlieferungen beantwortet und dafür das Risiko eines Weltkrieges in Kauf genommen. Der fürchterlich Zweite Weltkrieg war den politischen Entscheidern damals noch in frischer Erinnerung. Ihnen war klar, dass Waffen allein keine Sicherheit schaffen, sondern nur die kluge und politisch gesteuerte Kombination von

»Hard Power« (militärische Stärke) und »Soft Power« (Dialog und Verständigung).

Der Eiserne Vorhang des Kalten Krieges, den wir derzeit auch durch unser unvernünftiges Agieren im Ukraine-Krieg gegenüber Russland weiter östlich wieder errichten, fiel nicht durch Kriegsrhetorik und Krieg. Er fiel, weil die Menschen Frieden und Freiheit wollten und dafür auf die Straße gingen, nicht, weil sie sich als Instrument eines vom Westen politisch gewünschten, von außen unterstützten und initiierten Regimewechsels verstanden hätten und deshalb so agierten.

Das bedeutet nicht, dass wir grundsätzlich keine Verantwortung übernehmen müssen, wenn sich ein anderes Volk gegen Unterdrückung wehrt. Wenn wir uns jedoch engagieren, dann darf dieses Engagement kein Vorwand sein, um unsere eigenen nationalen Interessen oder ein eigenes politisches Programm dahinter zu verschleiern. Der »Wille des Volkes« sollte nie als Begründung in unserem eigenen Sinne vorgeschoben werden.

Zur Kriegsvermeidung gehört mehr denn je, dass man lernt, sich in seinen strategischen Konkurrenten, potenziellen Feind oder »systemischen Rivalen«, wie es heute heißt, hineinzuversetzen. Man muss seine Motive, seine Geschichte und die gemachten Erfahrungen kennen. Statt bestehende Interessengegensätze eskalieren zu lassen, muss man nach Interessenüberschneidungen suchen, um Konflikte zu lösen. Demokratien und Nicht-Demokratien dürfen sich nicht weltweit in die Schützengräben begeben, um den vermeintlichen Showdown zwischen Gut und Böse auszufechten. Sie müssen lernen, trotz unterschiedlicher Wertvorstellungen miteinander umzugehen. Von einem respektvollen Umgang miteinander sind wir übrigens auch in den westlichen Demokratien bislang meilenweit entfernt.

Manageraufgaben in einer multipolaren Welt

Das Miteinanderumgehen statt gegenseitige Köpfeeinschlagen ist umso wichtiger, je vielschichtiger und multipolarer die Welt wird. Was wir bislang betrieben haben, nämlich eine undifferenzierte Aufteilung der Welt in Gut und Böse, in (gute) Demokratien und (böse) Autokratien wird dieser Multipolarität nicht gerecht, sondern führt unweigerlich in weltweite Stellvertreterkriege. Es war der propagierte ideologische, vermeintlich moralische Rahmen, in dem wir in der Vergangenheit agiert haben, es war unser westliches Leitnarrativ – aber nicht unbedingt die Wahrheit über die Welt.

Dieses Leitnarrativ verschleiert zum Beispiel, dass die USA die Welt in verschiedene für sie wichtige strategische Regionen aufgeteilt haben – mit entsprechenden strategischen Hauptquartieren (zwei davon in Deutschland) für Militäreinsätze in Europa und in Afrika und über siebenhundert Militärstützpunkten in achtzig Staaten; und zwar, um letztlich ihren Anspruch als Weltordnungsmacht durchzusetzen. In Zukunft wird es außen- und sicherheitspolitisch vor allem darum gehen müssen, einen möglichst friedlichen Abstieg der USA aus ihrer weltweiten Vormachtstellung – sie sehen sich als »second to none« (»unübertroffen«) – zu managen, den amerikanischen Exzeptionalismus zu entschärfen und dazu beizutragen, den Westen, mit den USA, in die neue Multipolarität und Differenziertheit der Welt zu integrieren. Es ist kein antiamerikanischer Hass, kein böser Wille, keine Revanche. Es ist die rationale Antwort auf die Entwicklung, die die Welt derzeit nimmt, und auf ihre neue, multipolare Ordnung. Die Anzeichen, dass die einstige Weltmacht USA verblüht, mehren sich. Das kompromisslose Dominanzstreben und das Anspruchsdenken der USA wirken inzwischen wie aus der Zeit gefallen – und sie gefährden die Etablierung einer neuen Friedensordnung.

Dieses politische Kunststück zu bewerkstelligen – also den Abstieg der USA zu begleiten –, wird schwierig. Deutschland muss dazu beitragen. Das im Grundgesetz verankerte Friedensgebot sollte dafür unser nationales Narrativ sein und bleiben (wir beteiligen uns nicht, wenn die NATO als Transmissionsriemen eingesetzt wird; wir tragen keine Stellvertreterkriege mit; wir wollen politische statt militärische Lösungen für Konflikte finden). Und auch ganz pragmatisch gesehen, kann Deutschland als Welthandelsmacht eine Aufteilung der Welt in Gut und Böse nicht gebrauchen. Auf die Gefahr hin, mich zu wiederholen: Trittbrettfahren im Windschatten der USA ist nicht im deutschen Interesse. Das bedeutet nicht unbedingt die Aufgabe der bewährten Westbindung und des transatlantischen Bündnisses. Im Zweifelsfall ist eine amerikanische Hegemonie jeder russischen oder chinesischen vorzuziehen. Aber wir müssen als Europäer endlich auf Augenhöhe mit den USA gelangen und dazu gehört, dass wir uns auch selbst verteidigen können – ansonsten wird die aus den USA importierte Sicherheit Deutschlands und Europas immer ein Druckmittel der Amerikaner bleiben, um sich unserer Loyalität zu versichern.

Um die zunehmende Differenziertheit und Multipolarität der Welt zu beschreiben, möchte ich ein Beispiel aufführen: Der indische Premier Narendra Modi besuchte im August 2024 den ukrainischen Präsidenten Wolodymyr Selenskyi. Er versteht sich, ähnlich wie der türkische Präsident Erdogan, dem die zweitstärkste Armee der NATO untersteht, als Staatsoberhaupt eines souveränen Landes, das gleichermaßen an guten Beziehungen zu Russland wie zur Ukraine interessiert ist. Die Türkei ist ein enger rüstungspolitischer Partner Russlands, beteiligt sich nicht an den Sanktionen gegen Russland, importiert weiter russisches Öl und Gas und führt aus ähnlichen Motiven (Angst um die Sicherheit des eigenen Territoriums) Krieg im Nordirak und in Syrien gegen die Kurden. Die Türkei wird den Kurden – Völkerecht und Selbstbestimmungsrecht der Nationen hin oder her – niemals einen eigenständigen Staat zubilligen.

Premier Modi hatte vor seinem Besuch in Kiew auch den russischen Präsidenten Putin in Moskau besucht und den politischen Draht zu Putin nicht abreißen lassen – im Gegensatz zu Deutschland. Beide, Erdogan und Modi, beziehen trotz des Ukraine-Krieges und ihrer Kritik an Russland nach wie vor Öl und Gas aus Russland und würden nicht auf die Idee kommen – so wie Deutschland es tut –, auf den billigen russischen Rohstoff zu verzichten. Im Gegenteil: Sie verkaufen es an Länder wie Deutschland zu einem höheren Preis weiter und machen damit Geschäfte. Beide Länder denken auch nicht daran – wieder im Gegensatz zu Deutschland –, ihre Rüstungskooperation mit Russland zu beenden. Sie bauen diese vielmehr aus und scheuen sich nicht, gleichzeitig mit der Ukraine rüstungspolitisch zu kooperieren. Darum ging es auch bei dem Besuch von Modi in Kiew.

Indien ist dennoch an guten Beziehungen mit den westlichen Staaten und insbesondere mit den USA interessiert. Indiens großer strategischer Rivale ist China, aber das heißt nicht, dass sich das Land diesbezüglich etwas von den USA vorschreiben ließe und ernsthaft über ein »strategic decoupling« nachdächte, das seine Wirtschaft beschädigen würde – so wie es Deutschland hingegen zu tun scheint. Auch hier tut Indien das Entgegengesetzte: Bei den BRICS-Staaten intensiviert es seine Kooperation mit China.

Damit zeigt sich der indische Premier einmal mehr als souveräner außenpolitischer Akteur. Insofern wäre Indien, neben China, als Vermittler im Ukraine-Krieg ein möglicher, wichtiger Akteur – auch das im Gegensatz zu Deutschland mit seiner werte- statt lösungsorientierten Außenpolitik. Mit unseren moralisch richtigen Entscheidungen, etwa kein Öl und Gas mehr aus Russland zu importieren, machen wir uns selbst das Leben schwer. Sollte uns das jedoch einen Schub verleihen, in unsere Unabhängigkeit zu investieren, wäre das ein positiver Nebeneffekt: Es stärkt Deutschlands Sicherheit, wenn wir zum Beispiel bei der Energieversorgung autark werden oder unsere Energie zumindest von verschiedenen Lieferanten und Quellen beziehen, uns also von Einzelnen weniger abhängig machen. Das Problem mit unserer Moral ist jedoch, dass sie nicht so erhaben ist, wie wir glauben. Der Westen hat 1999 ohne UN-Mandat Belgrad bombardiert. Er hat das Mandat der Vereinten Nationen für Libyen so ausgedehnt, dass das Land im Chaos versank, und ist unter Berufung auf Artikel 5 des NATO-Vertrags (das Auslösen des Bündnisfalls) in Afghanistan einmarschiert, nur um das Land am Ende doch wieder überstürzt zu ver- und die Macht den Taliban zu überlassen. Das ist nur ein kleiner Ausschnitt dessen, was uns – als Westen – bei den Ländern des Globalen Südens unglaubwürdig macht, wenn wir uns von angeblich überlegenen ethischen Standards leiten lassen. Es ist daher nicht verwunderlich, wenn der indische Premier das tut, was für sein Land am besten ist, statt sich westlichen Sanktionen anzuschließen. Wichtige, mit Deutschland wirtschaftlich eng verbundene Staaten wie China, Brasilien, Südafrika und eben auch Indien, die in ihrer Kolonialzeit von westlichen Ländern ausgebeutet wurden, haben den russischen Überfall auf die Ukraine missbilligt. Aber sie folgen ansonsten nicht den Narrativen des Westens und der NATO-Staaten.

Aus Sicht des Globalen Südens schützt die derzeitige internationale Ordnung vorrangig die Interessen der USA, was Deutschland derzeit auch erkennen muss. Als Teil des Westens haben wir lange davon profitiert, allerdings beginnen die Nachteile für Deutschland zu überwiegen. Es ist absehbar, dass diese Weltordnung nicht mehr lange Bestand haben wird. Deutschland muss sich aktiv und mit seinen eigenen Interessen im Blick in die laufende Veränderung der Welt einbringen.

Deutschland ist erstens Deutschland, zweitens Europa und drittens nicht die USA

Krieg darf kein Kollateralschaden unserer Außen- und Sicherheitspolitik werden. Das Risiko besteht bereits; wir selbst haben uns, in vorauseilendem »Gehorsam« den USA, genauer gesagt ihrer bisherigen Regierung gegenüber, in diese Ecke manövriert. Um aus dieser Ecke rauszukommen, braucht Deutschland eine echte sicherheitspolitische Strategie. Wir müssen unsere nationale Interessenlage klar definieren. Es braucht realistische, erreichbare Ziele und verfügbare Mittel, vorweg eine einsatzbereite Bundeswehr.

Seit Kurzem haben wir eine solche Strategie, zumindest auf dem Papier. Nimmt man diese Strategie jedoch inhaltlich auseinander, bleiben nur Gemeinplätze übrig, auf die sich die beteiligten politischen Parteien mit Müh und Not einigen konnten. Aus moralischer Sicht sind diese Allgemeinplätze durchaus wertvoll; es sind hehre Ziele. Doch es geht in der Weltpolitik nicht um Moral, sondern um knallharte Fakten und nationale Interessen, um Macht und Einfluss, Sicherheit und Stabilität. Wir müssen unsere Schäfchen ins Trockene bringen, im Idealfall gemeinsam mit den Schäfchen Europas. Gerne tun wir uns dabei mit den USA zusammen, aber auch andere Staaten und geopolitische Akteure haben attraktive Schäfchen, die sich gut mit unseren machen.

Um es zusammenzufassen: Wir brauchen stabile Beziehungen zu Russland, China und den BRICS-Staaten beziehungsweise zum Globalen Süden.

Wir brauchen keine blinde Bündnistreue gegenüber den USA und der NATO, sondern eine Partnerschaft, die ihren Namen verdient. Das heißt, wir müssen in der Lage sein, etwas einzubringen (zum Beispiel geopolitischen Einfluss oder militärische Stärke), was für unsere Partner attraktiv ist. Im Gegenzug nimmt man uns und unsere nationalen Interessen in dieser Partnerschaft ernst, stärkt unsere Sicherheit (statt sie wie zuletzt aufs Spiel zu setzen) und sichert so gemeinsam den Frieden. Nebenbei bemerkt ist es wichtig, unsere Handelsbeziehungen zu den USA zu erhalten, wir profitieren davon, selbst wenn China der wichtigste Handelspartner für Deutschland und die Europäische Union ist.

Wir brauchen keine weiteren Stellvertreterkriege, sondern Einfluss. Nur dann können wir auf politische Lösungen drängen. Dafür müssen wir unsere nationalen Interessen kennen, aber auch die Interessen anderer. Ein großer Teil unseres Einflusses kann aus unserer Wirtschaftsmacht kommen. Wir müssen diesen Einfluss ausbauen (dafür sind wiederum stabile wirtschaftliche und politische Beziehungen zu unterschiedlichsten Akteuren nötig) und nutzen. Mit Einfluss können wir politische Mittlerrollen übernehmen, zum Beispiel in den Konflikten zwischen den USA und China oder zwischen den USA und Russland, die vielen Problemen zugrunde liegen.

Wir brauchen Vernunft, kein Wunschdenken. Die nationalen Interessen anderer Staaten verschwinden nicht. Dafür müssten wir diese Staaten auslöschen, wozu wir kaum in der Lage wären und was auch nicht zwangsläufig in unserem Sinne ist. Solange unsere nationalen Interessen nicht gefährdet sind, sollten wir uns grundsätzlich nicht in die inneren Angelegenheiten und Interessensphären anderer strategischer Akteure einmischen. Es sei denn – und hier werden wir unserem moralischen Anspruch gerecht –, wir haben ein Mandat der Vereinten Nationen. Überhaupt sollten wir als Weltgemeinschaft die Vereinten Nationen aktiv nutzen, um Konflikte frühzeitig politisch aufzufangen und Streitigkeiten zu lösen.

Wir brauchen Sicherheit, die wir selbst schaffen und selbst verantworten; eine Kombination aus Diplomatie und Dialogbereitschaft auf der einen Seite und militärischer Stärke auf der anderen. Ganz ohne die USA und die NATO wird es in absehbarer Zukunft jedoch nicht gehen. Hier müssen wir eine Balance aus beidseitigem

Nehmen und Geben schaffen – umso wichtiger ist es, uns zu einem Partner zu entwickeln, der etwas geben kann.

Wir brauchen aber auch den europäischen Zusammenhang – oder besser: Zusammen*halt*. Deutschland kann eine zentrale Rolle in Europa beziehungsweise in der Europäischen Union spielen, aber wir sind darauf angewiesen, dass Europa sicherheitspolitisch gemeinsam tätig wird und als echte Sicherheits- und Verteidigungsunion zusammenwächst. Wir müssen versuchen, die Spaltung Europas, die bereits im Gange ist, aufzuhalten und rückgängig zu machen. Globale Bedeutung erreicht Europa nur gemeinsam.[23]

Wir brauchen die Partnerschaft der USA in der NATO, solange die europäischen Länder nicht in der Lage sind, selbst einen ernstzunehmenden europäischen NATO-Eckpfeiler aufzubauen. Aber wir brauchen auch eine USA, die nicht darauf aus ist, sich andere Länder untertan zu machen oder sie unter moralischen Vorwänden im amerikanischen Interesse ins Visier zu nehmen.

Ich erwähne es noch einmal ausdrücklich, obwohl es in all den oben genannten Forderungen bereits enthalten ist: Wir können die Stationierung von amerikanischen Mittelstreckenraketen in Deutschland *nicht* gebrauchen – es sei denn, wir verbinden sie mit amerikanischen Garantien, russischen und amerikanischen beziehungsweise westlichen Abrüstungsmaßnahmen und einer Erneuerung des INF-Vertrags. Wenn wir diese Stationierung zulassen, ohne uns durch Abrüstungsverhandlungen abzusichern, würden wir Deutschlands Sicherheit nicht erhöhen, sondern gefährden.

Wir müssen unseren nationalen Überlebensinstinkt wiedererwecken und alles dafür tun, den Krieg in der Ukraine politisch zu beenden. Dafür müssen wir die Sicherheitsinteressen Russlands ebenso ernst nehmen wie die der Ukraine. Vor allem müssen wir andere dazu bewegen, am selben Strang mit uns zu ziehen. Wir dürfen nicht abwarten, bis die USA den Ukraine-Krieg und ihren

Konflikt mit Russland europäisieren – also das Risiko und die Verantwortung für einen Krieg, der trotz allem im amerikanischen Interesse ist, auf Europa abwälzen, während sie sich selbst zurückziehen.

Kurz gesagt: Wir dürfen Deutschlands Bedeutungsverlust nicht hinnehmen. Ohne Bedeutung können wir nichts erreichen, mit jedoch alles, was für unser Land wichtig ist.

Eine Strategie, die Deutschland die Richtung weist, darf gerne auf dem Papier etwas hermachen, sie muss aber vor allem praktiziert werden. Dafür muss sie konkrete sicherheitspolitische Fragestellungen mit konkreten deutschen Zielen beantworten. Sie muss unsere Außen- und Sicherheitspolitik leiten: Hier will und muss Deutschland hin. Wie sorgen wir zum Beispiel für unsere Energiesicherheit? Was würde eine Abkopplung von China für Deutschland bedeuten? Wie können wir alternativ stabile Beziehungen zu nicht ganz unproblematischen Ländern wie China oder Russland aufbauen, ohne uns in Abhängigkeit zu begeben? In welcher Form können wir den USA verbunden bleiben und trotzdem unseren eigenen Interessen gerecht werden? Wie können wir den europäischen Pfeiler der NATO stärken und das Bündnis zu seiner defensiven Ursprungsaufgabe – der Verteidigung – zurückführen? Wie verschaffen wir der EU geopolitisches Gewicht? Wie gehen wir in unserem Interesse mit den BRICS-Staaten um? Ist die Wiederherstellung der Einsatzbereitschaft der Bundeswehr finanziell nachhaltig sichergestellt? Wie lässt sich verhindern, dass der Krieg in der Ukraine in einen begrenzten Nuklearkrieg umschlägt und die NATO zur Kriegspartei wird? Es braucht eine gesamtstaatliche Analyse und eine rechtzeitige nationale Gesamtstrategie, um Fragen wie diese für Deutschland zu lösen. Der Bundessicherheitsrat als zentraler sicherheitspolitischer Ausschuss des Bundeskabinetts wäre der richtige Ort dafür – man sollte ihn viel stärker für alle zentralen Themen nutzen, die unsere nationale Sicherheit betreffen.

Das Grundgesetz mahnt uns

Auch im Nahen Osten gibt es, ähnlich wie im Ukraine-Krieg, keine militärische Lösung. Auch hier kommt es darauf an, mit dem Feind zu reden, so wie es der israelische General Moshe Dajan als Außenminister Israels in Camp David getan hat – dieses »Reden« mündete 1979 in dem israelisch-ägyptischen Friedensvertrag. Oder wie es später Israels Ministerpräsident Jitzchak Rabin und PLO-Chef Jassir Arafat taten, als sie 1993 das Oslo-Abkommen unter Vermittlung des damaligen US-Präsidenten Bill Clinton abschlossen.

Es ist, ich muss es so deutlich sagen, dumm, in Konflikten und Kriegen zu behaupten, man könne, dürfe oder solle nicht miteinander reden. Die Weigerung miteinander zu reden ist das Ende von Politik und Diplomatie. Das gilt für den Krieg im Nahen Osten genauso wie für den Ukraine-Krieg. Die Israelis können Hamas und Hisbollah nicht abschließend und nachhaltig militärisch besiegen. Beide werden – ähnlich wie die Russen in Europa – nicht von der Landkarte verschwinden. Israel kann sich durch den Einsatz seiner Streitkräfte lediglich Zeit für politische Verhandlungen verschaffen, um aus der Spirale der Gewalt herauszukommen.

Gleichzeitig deutet sich auch in diesen Konflikten der bevorstehende Abstieg der USA als Weltmacht Nummer Eins an. Es ist ein Anzeichen für die schwindende internationale Kraft der Amerikaner, dass sie es nicht schaffen, Krieg und Gewalt in politische Prozesse umzuleiten – weder in der Ukraine noch im Nahen Osten. Vielleicht ist China, wie erwähnt, als Vermittler mit Deutschlands Hilfe besser geeignet? Ich kann mich nur wiederholen: Statt lediglich auf die militärische Karte und auf Waffenlieferungen zu setzen, die sowohl Europa wie den Nahen Osten in Brand setzen, sehe ich hierin die wirkliche, vorrangige Aufgabe der deutschen Außenpolitik: Wir müssen reden, vermitteln und politische Lösungen finden – ganz im Sinne des Friedensgebotes in unserem Grundgesetz.

»Es gibt keinen rationalen Zweck, keine noch so richtige Norm, kein noch so vorbildliches Programm, kein noch so schönes soziales Ideal, keine Legitimität oder Legalität, die es rechtfertigen könnte, dass Menschen sich gegenseitig dafür töten.«[24]

Anmerkungen

Ach, Deutschland
Was passieren könnte: Krieg in unserem Land

1 Zur Bedeutung der geopolitischen Lage Deutschlands in Geschichte und Gegenwart empfehle ich als vertiefende Lektüre:
Gregor Schöllgen: *Die Macht in der Mitte Europas: Stationen deutscher Außenpolitik von Friedrich dem Großen bis zur Gegenwart*, München, 1992.
Karlheinz Weißmann: *Rückruf in die Geschichte*, Berlin/Frankfurt, 1992.

2 Die Mitte des europäischen Kontinents ist stets stark umkämpft gewesen. Zum Weiterlesen empfehle ich dieses Buch, das die Geschichte ständiger Auseinandersetzungen und Machtkämpfe um die Mitte Europas in den letzten fünfhundert Jahren hervorragend erklärt und dabei auch die Begehrlichkeiten weiter entfernter Länder wie der USA einbezieht: Brendan Simms: *Kampf um Vorherrschaft: Eine deutsche Geschichte Europas 1453 bis heute*, München, 2014.

Bist du noch zu retten, Deutschland?
Wie es so weit kommen konnte und was jetzt zu tun ist: Eine To-do-Liste für unser Land

3 https://www.spiegel.de/geschichte/mao-zedongs-grosser-sprung-chinas-krieg-gegen-spatzen-a-0ca18353-27d1-4fdb-82ae-bd34feba66de, Stand: 23. Oktober 2024.

4 Zum Weiterlesen hinsichtlich der geopolitischen Perzeption Russlands und zur Vorgeschichte des Ukraine-Krieges empfehle ich:
Peter Scholl-Latour: *Russland im Zangengriff: Putins Imperium zwischen Nato, China und Islam*, Berlin, 2006.
Günter Verheugen und Petra Erler: *Der lange Weg zum Krieg: Russland, die Ukraine und der Westen: Eskalation statt Entspannung*, München, 2024.

5 Eine empfehlenswerte Studie, die sich dem Streben nach Macht und Einfluss widmet und was es für die internationalen Beziehungen bedeutet: Susanna Hast: *Spheres of Influence in International Relations*, New York, 2024.

6 Zu diesem Zwiespalt beziehungsweise zu der Unverträglichkeit von Moral und nationalen Interessen empfehle ich zum Weiterlesen: Michael Lüders: *Moral über alles: Warum sich Werte und nationale Interessen selten vertragen*, München, 2023.

7 Es muss eine neue Friedensordnung gefunden werden, die über den Ukraine-Krieg hinausgeht. Warum verengt sich die deutsche Debatte trotzdem auf militärische Logik und eine falsche Moralisierung der Außenpolitik? Ein Buch, das diesen Fragen nachgeht und Perspektiven aufzeigt: Julian Nida-Rümelin, Erich Vad, Matthias Kumm, Albrecht von Müller, Werner Weidenfeld, Antje Vollmer: *Perspektiven nach dem Ukrainekrieg: Europa auf dem Weg zu einer neuen Friedensordnung?*, Freiburg, 2022.

8 Horst Teltschik war Leiter der Außen- und Sicherheitspolitik im Kanzleramt. In seinem Tagebuch vom 9. November 1989 bis zum 3. Oktober 1990 liefert er ein eindrucksvolles Beispiel für eigenständiges, souveränes Agieren in der Außenpolitik auf Linie der nationalen Interessenlage und in einer gänzlich offenen politischen Lage: Horst Teltschik: *329 Tage: Innenansichten der Einigung*, München, 1991.

9 Zur »Kriegstüchtigkeit« westlicher Armeen und der Bundeswehr: Martin van Creveld: *Pussycats: Why the Rest Keeps Beating the West and what can be done about it*, Mevasseret Zion, 2016.

10 Die Befähigungslücke, die als Argument für die Stationierung der amerikanischen Mittelstreckenraketen in Deutschland angeführt wird, ist zwar vorhanden, betrifft aber nur die landgestützten Waffensysteme. Das Argument verschleiert, dass die NATO über ca. dreitausend vergleichbare see- und luftgestützte Systeme verfügt, die die russische Bedrohung aus dem Oblast Kaliningrad ausgleichen. Die sogenannte »Befähigungslücke« im Bereich der Mittelstreckensysteme ist also bestenfalls eine Teil-Wahrheit zur Begründung der Stationierungsentscheidung.

11 Für eine vertiefende Beurteilung und Bewertung der Stationierung von Mittelstreckenwaffen: Götz Neuneck: *Erklärung der VDW-Studiengruppe »Frieden und Europäische Sicherheit« zur Stationierung von konventionellen »Long-Range Fire Deployments« in Deutschland* vom 19. August 2024, https://vdw-ev.de/erklaerung-stationierung-lrf/, Stand: 23. Oktober 2024.

12 Nathalie Weidenfeld: *Implizites Sterben: Ein Gastbeitrag über die Sprache der Berichterstattung im Ukraine-Krieg, Süddeutsche Zeitung* vom 28. Februar 2023.

13 Zu den damit verbundenen Gefahren: Patrik Baab: *Propaganda-Presse: Wie uns Medien und Lohnschreiber in Kriege treiben*, Berlin, 2024.

14 Ein empfehlenswertes Buch, das sich ausführlich mit dem Thema Medien und Krieg in der Ukraine befasst: Richard David Precht und Harald Welzer: *Die Vierte Gewalt. Wie Mehrheitsmeinung gemacht wird, auch wenn sie keine ist*, München, 2022.

Du kannst das, Deutschland
Wie wir stark werden: Eine Lösung für unser Land

15 So beispielsweise in der *Neuen Zürcher Zeitung* vom 20. September 2024: https://www.nzz.ch/pro/cdu-kanzlerkandidat-friedrich-merz-ueber-deutschlands-rolle-in-der-welt-ld.1849315, Stand 23. Oktober 2024.

16 Carl Schmitt: *Der Begriff des Politischen. Text von 1932 mit einem Vorwort und drei Corollarien*, Berlin, 1979. S. 50.

17 Zur geopolitischen Bedeutung Eurasiens zur Sicherstellung der Vorherrschaft der USA empfehle ich zum Weiterlesen: Zbigniew Brzeziński: *Die einzige Weltmacht: Amerikas Strategie der Vorherrschaft*, Weinheim und Berlin, 1997.

18 Rede beim Chicago Council on Foreign Affairs 2015.

19 Der amerikanische Exzeptionalismus beruht auf der Idee, dass die USA aus historischen, ideologischen oder religiösen Gründen ein einzigartiges und moralisch überlegenes Land sind. Daraus leitet sich die Überzeugung ab, die USA müssten in der Weltpolitik eine besondere, führende Rolle einnehmen.

20 Eine scharfsinnige Analyse, die sich mit der zentralen, oft geleugneten oder kaschierten Bedeutung handfester Interessen in der Sicherheitspolitik beschäftigt: Klaus von Dohnanyi: *Nationale Interessen: Orientierung für deutsche und europäische Politik in Zeiten globaler Umbrüche*, München, 2022.

21 Zum Weiterlesen empfehle ich diese eindrucksvolle, überzeugende Fürsprache für geistige Vielfalt, Pluralität der Meinungen und einen respektvollen Umgang miteinander, der gerade in einer Debatte, die Krieg und Frieden betrifft, unumgänglich ist: Julian Nida-Rümelin: *»Cancel Culture«: Ende der Aufklärung? Ein Plädoyer für eigenständiges Denken*, München, 2024.

22 Robert Kennedy: *Dreizehn Tage: Wie die Welt beinahe unterging*, Darmstadt, 1987.

23 Ein Buch, das die Orientierungslosigkeit Europas unter die Lupe nimmt und zugleich Antworten darauf liefert, wie Europa seine Strategiefähigkeit (zurück)gewinnen kann: Werner Weidenfeld: *Europa: Eine Strategie*, München, 2014.

24 Carl Schmitt: *Der Begriff des Politischen. Text von 1932 mit einem Vorwort und drei Corollarien*, Berlin, 1979. S. 49f.